「成長の授業」

もくじ

第1章 「成長の授業」を考える ……………………… 5
「成長の授業」とは何か ……………………………… 6

第2章 「成長の授業」を生む11の視点 ……………… 29
① 質問タイム 全員が一人に質問する ……………… 30
② 教師のコミュニケーション術 教室の空気を創る …… 40
③ 黒板の5分の1 価値語や学習規律を示して成長へ …… 50
④ 少人数による話し合い 立ち歩いてよい …………… 60
⑤ 白い黒板 黒板を子どもに開放する ……………… 70
⑥ ディベート 人と意見を区別する ………………… 80
⑦ 係活動 非日常は成長のチャンス ………………… 90
⑧ ほめ言葉のシャワー 一人ひとりを全員でほめる …… 100
⑨ 価値語 言葉をつくる、そして成長へ …………… 114
⑩ 成長ノート 作文のテーマを教師が与える ……… 124
⑪ 成長年表 非日常を価値付け 心構え 1年間を通す …… 134

第3章 「成長の授業」を創る　～実践篇 ……………… 145

「ほめ合うこと」のその先へ

自己開示しながら成長する教室 …………………………… 146

信頼が成長を生む教室 ……………………………………… 156

言葉で「心のねっこ」を育てる …………………………… 166

美点凝視の考え方を大切にした菊池実践

～国際理解教育の取り組み～ ……………………………… 176

社会科学習を通したアクティブ・ラーナーの育成

～積極的生徒指導と人権教育の観点を大切にした

「成長の授業」づくり～ …………………………………… 186

教育から地方創生「いの町　菊池学園」 ………………… 200

おわりに ……………………………………………………………… 210

第1章 「成長の授業」を考える

第1章 「成長の授業」を考える

「成長の授業」とは何か

菊池省三（菊池道場　道場長）

1 ▶ 菊池学級で自然発生した「成長の授業」という言葉

　私の実践や活動の様子を筒井勝彦監督にまとめていただいたドキュメンタリー映画「挑む　菊池省三　白熱する教室」の中で、最後の菊池学級で行われた「四字熟語甲子園」の場面が紹介されています。チームで創ったオリジナルの四字熟語を発表し合い、お互いの四字熟語をほめ合うという取り組みです。

　その中で、中村愛海さんという女の子が、相手チームの四字熟語をほめるスピーチとして次のような話をしています。

> 「成長」っていうのにつながるんですけど、元山さんが「1年生から6年生への『成長』」っていう言葉を言っていたんですけど、私たちは「成長」って言葉をキーワードにしてるじゃないですか。でも1年生とかって「成長」とか、まだよく分かんないけど、でも6年生になるにつれて、どんどん意味合いが分かっていくので、そこがいいなと思いました。

　短いスピーチの中で、「成長」という言葉を4回使っています。また、「私たちは『成長』って言葉をキーワードにしてるじゃないですか」と、それ自体が学級のキーワードだと言っているのです。

「四字熟語甲子園」でスピーチをする中村愛海さん

この「四字熟語甲子園」は、2014年（平成26年）10月7日に行われました。
　それから、約2か月後の12月8日、中村さんに対する「質問タイム」が行われました。
　中村さんは、自身への「質問タイム」に先立ち、以下のスピーチをしました。

　今回の質問タイムは、私がこういうふうに、なんていうんだろう、私の成長のストーリーっていうか、まあ、いちばん思ってることみたいなのを書いたんですけど、それについて質問してもらいます。そして、ちょっと難しいかもしれないので、これが、発表っていうか、言い終わったら、一分間考えてもらいます。

質問タイムでスピーチをする中村さん

　はい、じゃあ、まず、過去と現在と未来で考えるんですけど、まず、過去で、4年生のとき、心は野口さんだったけど、外は、やっぱり合わせたりして、はぶかれたくない、合わせなきゃ、っていう自分をつくってて、群れっていうので動いてたんですよ。で、それから、もう、そんなつくってたら、自分らしさっていうのがないじゃないですか。でも、5年生になって、普通に、いちばん好きな自分ていうのを見つけられて、それが、まる子ちゃんだったんですよ。野口さんが悪いっていうわけじゃないんですけど、でも、私にとっては、まる子ちゃんのほうがいいかなっていうことで、まる子ちゃんになりたかったんですよ、野口さんのときに。心も外も。だから、そのときに新しい自分を見つけて、まる子ちゃんになれたっていうので。その、やっぱり、まる

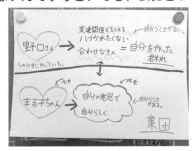
1枚目のポスター

子ちゃんは、野口さんのときに、はぶかれたくないとか、合わせなきゃという心があったんですけど、でも、まる子ちゃんになって、自分の意思で動くとか、自分らしくっていうことを心がけるようになって、集団に、群れから集団に動けるようになったと思いました。

　それで、今の、現在なんですけど、これはちょっと、人の悪いところじゃなくていいところを見つけるっていう、これは、当たり前なんですけど、でも、やっぱり、人の悪口を言ったりっていうのは、人間誰だってあると思うんです。私だってあったし。だから、人の悪いところを言うっていう無駄な時間よりも、自分が今しなきゃいけないっていうところの時間を大切にしたほうがいいかなっていうことで、これを作ってて。で、時間を大切にとか、無駄な時間をつくらないっていう価値語みたいなのに、当てはまるかなと思いました。

　で、こないだ、金曜日に魚住さんが、いいことをすると、いいことがあるっていうことを言ってたんですけど、それにも重なるかな、と思いました。で、私は5年生から6年生まで菊池学級でやってきて、もう、結構、学ぶことは学んだんですけれども、でも、唯一、これは直さなきゃいけないところかなって、私は思いました。

　で、ホワイトボードに、相手軸になるっていうことを書いてるんですけど、私は、相手軸になるっていうのは、自分が生きていく中でいちばん大切なことだと思うんですよ。だから、発言をするときとか、その人の気持ちを考えて発言しないと、なんていうんだろう、その人を悪い気持ちにさせたりとかいうのを、そういうのを考えちゃうから、常に考えなきゃいけないんですよ。先生が言ってたとおりに、やっぱり常に考えるっていうのは大事だし、相手軸っていうのはやっぱり大切かな、と思っ

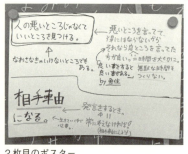

2枚目のポスター

て。今、いちばん考えてることは、これです。

　で、未来のことになるんですけど、中学生になって、少し、ほかの小学校から入ってきて、メンバーが替わるじゃないですか。で、そのときに、メンバーが替わって

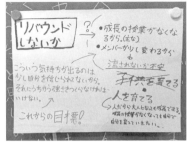

3枚目のポスター

リバウンドしないかな、とか、「成長の授業」が、ま、生活面で成長はできるんですけど、先生の主な授業がなくなるから、ま、それでリバウンドしたり、メンバーが替わるから、流されないかなっていうのが不安だったんです。4年生のときもたぶんそういうのがすごい不安だったんですけど。でも、こういう気持ちが出るのは、今、まだ少し自分を信じられていないからっていうのがあるから、それに打ち勝つような強い心をつくるっていうのがこれからの目標かなって私は思いました。

　そして、最後に言うことがあるんですけど、先生の本に、子どもを育てるじゃなくて、人を育てるっていうことが書いてあったんですけど、人、だから大人になっても成長できるっていう意味じゃないですか。で、「成長の授業」がなくなっても、自分で自分を育てていけるっていうふうに、これからなっていけたらなと思ってます。終わります。

（スピーチ時間：4分30秒）

12月8日の朝の黒板

小学校卒業を3か月後に控えた12歳の子どもが、自分の過去を振り返り、現在を確認し、未来を展望する姿は、本当に素晴らしいと思いました。

　教室の時間割の中に「成長の授業」というものがあるわけではありません。国語の時間でも算数の時間でも、朝の質問タイムでも、帰りのほめ言葉のシャワーでも、さらには給食の時間、掃除の時間、全ての学校での営みを、中村さんは「成長の授業」と捉えていたのでしょう。

　私は、教師として、子どもたちの前に立っている全ての時間を、子どもたちの成長のための時間として、全身全霊を尽くしてきました。

　自分らしさを発揮しながら、協力してチームを組んで仕事をできるのが大人であるとするならば、学校の役割は、子どもをそういう大人に成長させることであり、学校は「成長」の場であると、私は確信しています。

　そうした私の思いが子どもたちに伝わったのでしょうか。学級の子どもたちの会話の中に、「成長」というキーワードがしきりと発せられ、「成長の授業」という言葉が自然と聞こえるようになったのは、最後の菊池学級の6年生2学期半ば過ぎの頃からでした。

　最初に紹介した中村さんの「四字熟語甲子園」でのスピーチがまさにその頃にあたります。

　中村さんは、「成長の授業」のスピーチの最後に「自分で自分を育てていけるっていうふうに、これからなっていけたらなと思ってます」と言って、話をまとめました。この言葉こそが、私の考えるアクティブ・ラーナーの姿であり、これからの教育で最も重要視されなくてはいけないものだと考えています。

　中村さんの「成長の授業」のスピーチを繰り返し聴く中で、彼女のスピーチの深さに対する確信はどんどん強まっていきました。そして、私自身の教室での実践を改めて整理して、「成長の授業」のポイントをまとめてみたい、まとめる必要があると強く感じるようになったのです。

2 「成長の授業」の「地層」

　映画「挑む」の完成上映会は、2016年4月2日に私の地元・北九州の九州ヒューマンメディア創造センターで開催されました。

　上映会には、この映画の別の意味で主人公である最後の菊池学級の子どもたちを呼ぶことに決めていました。また、私が担任したかつての教え子たちにも参加してもらい、私自身の実践を、彼ら彼女たちに振り返ってもらおうとも考えていました。

　上映会の直前の3月29日、一般社団法人「日本ほめる達人協会」の西村貴好理事長と対談させていただく機会がありました。話の中で、明後日に迫った映画の公開に触れ、その場には、私の教え子たちが参加することをお話しすると、西村理事長は、

　「『菊池実践』の『地層』が見られるわけですね」

　とおっしゃいました。私は、的を射た言葉だと感動いたしました。

　上映会には、最後の菊池学級の子どもたちをはじめ、まもなく40歳になろうとする教え子が集まり、四半世紀前まで振り返る有意義な会となりました。

上映会で筒井勝彦監督と対談

上映会に参加した最後の菊池学級の子どもたち

　私の教室には、「成長」という言葉があふれていました。具体的なモノとしても、「成長ノート」「成長年表」「成長曲線」「成長新聞」などがありました。一つひとつについては、この後、順に紹介していきますが、ここでは、「地層」のいくつかを紹介します。

■吉崎エイジーニョ（英治）君の時代　個人文集づくり

　私が教師になったばかりの頃は、作文教育が活発で、生活綴り方教育が色濃く残っている時代でした。子どもたちの生活に密着した作文指導です。周りの多くの先生方は、子どもたちに日常的に文章を書かせていましたので、私も自然とそんな取り組みを始めました。

　私が教師になった5年目の頃、作文を書かせることに少し自信をもち始めていました。私は、「大作づくり」に挑戦しました。個人文集の作成です。その頃の私の作文指導は、量をたくさん書くことを一つのめあてにしていたこともあり、個人文集は、学級平均で400字詰め原稿用紙100枚以上になっていました。最高は、400枚を超える文字どおりの「大作」でした。私は、自分のお金を出して、印刷会社で製本をしてもらい、子どもたちと満足感に浸っていました。地元の新聞にも何度か大きく取り上げていただきました。その「大作」の中に書かれている子どもたちの生活の事実を、丹念に読んでいくことが何よりの楽しみでもありました。それから、数年間は毎年作っていました。

　そんな時代を過ごした教え子の一人が、現在ライターとして活躍している吉崎エイジーニョ（英治）君です。約30年前の教え子です。

　私が、2012年7月16日にNHK「プロフェッショナル　仕事の流儀」に出演したのをきっかけに交流が再開しました。

　彼が2015年のお正月、段ボール箱を抱えて菊池道場を訪ねてきました。

　その中には、当時27歳の私が進めていた作文指導に関する数々の「証拠品」が入っていました。その中の一つとして、吉崎君が6年生の時に書いた2冊の個人文集（修学旅行個人文集と卒業記念個人文集）がありました。また、その取り組みを紹介していただいた新

吉崎君が6年生のときに書いた2冊の個人文集

聞記事もありました。本当に懐かしく、ページをめくりました。

　私のそんな実践が彼にどの程度影響を与えたのかは分かりませんが、彼はその後、フリーの立場で活躍するライターに成長し、私を取材対象とした2冊の本をまとめてくれました。
- 『学級崩壊立て直し請負人：　大人と子どもで取り組む「言葉」教育革命』（2013年　新潮社）　※2015年には文庫化
- 『学級崩壊立て直し請負人　菊池省三、最後の教室』（2015年　新潮社）

■「小学生が作った　コミュニケーション大事典」

　2005年度（平成17年度）、私は、北九州市立香月小学校の6年生を担任しました。地域的に厳しさをかかえていたこともあり、様々な困難と向き合いながら奮闘していた私の教師人生の中でも思い出深い時代です。

　学級や子どもたちの状況を、
「社会状況の反映だから、私たちにはどうしようもない」
　と言うことはできます。しかし、私は、
「誰のせいにもしてはいけない、全て教師の責任である」
　との思いで、子どもたちと向き合ってきたつもりです。厳しい社会状況だからとか、地域が厳しいからとか、それらを理由にしても、荒れた子どもたちから逃れられないのが教師という仕事であり、その中で、いかに「成長」を信じ、子どもたちに寄り添っていくかが、教師の醍醐味です。

「小学生が作った　コミュニケーション大事典」

私は、香月小学校の6年生34人の子どもたちと、半年間かけて一冊の本を作ることを思いつきました。それが「小学生が作った　コミュニケーション大事典」です。

　年度末の2006年3月、「小学生が作った　コミュニケーション大事典」は完成しました。2,000部印刷したこの本は、インターネットを通じて広く知られることとなり、7月にはさらに2,000部増刷しましたが、それもなくなってしまい、しばらくの間、絶版となっていました。
　その後、2014年に中村堂から復刻版が発行されることとなり、私は大変嬉しく思いました。私は、本の冒頭に「復刻版の刊行にあたって」という題名で経緯を振り返る一文を寄せました。その一部です。

> 　34人の子どもたちが、9年前に学習の成果をまとめた本です。一人ひとりがテーマを持って調べ、各自がまとめ、それを1冊の本にしたのです。
> 　当時、新しく入った「総合的な学習の時間」を中心に、半年かけて取り組んだ「学習」の成果として、出版という形で世に問うた1冊の本です。
> 　小学生では初めての挑戦と言われました。
> 　その頃の教育界は、「『ゆとり』か『学力』か」…学力観が、大きく2つに揺れ始めていた時でした。
> 　教室にいた私は、「どちらも大切」という考えでした。そんなことは、当たり前のことだと思っていました。
> 　中央で行われているそのような議論なんかよりも、目の前の子どもたちの事実とその成長が大切でした。限られた時間の中で、子どもたちのやる気を育て、子どもたちの学ぶ力を育て、これからの時代に必要な価値ある人間を育てたいと強く思っていたからです。

　今でも色褪せていない、「成長」をキーワードとしていた子どもたちの学びの事実が、この本の中にはあります。

■「成長新聞」、「私の本」

その後、私は、北九州市立貴船小学校に異動しました。
コミュニケーション教育に大きな手応えを感じていた私は、そこでも様々な取り組みをしました。

●「成長新聞」は、1年間の自分の成長の軌跡を振り返り、1枚の新聞にまとめる取り組みです。
　2010年（平成22年）12月にまとめた「6年1組成長新聞集」の一つを紹介します。古賀優実さんは、「成長比較新聞」というタイトルで1年間の成長を振り返っています。「私の成長曲線と自分のことが好き度グラフ」「成長 Before After」「学んだ価値語・名言年表」などで、成長の振り返りを克明にまとめました。好きな「価値語・名言トップ3」として、以下の3つを紹介しています。
　1　真実は細部に宿る　　2　範を示す
　3　価値ある無理

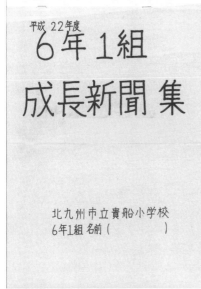

平成22年度「6年1組成長新聞集」

◆古賀優実さんがまとめた「成長比較新聞」

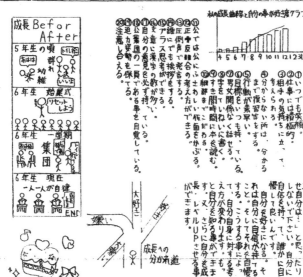

16　第1章　「成長の授業」を考える

●「私の本」は、1年間の作文指導のゴールとして位置づけていたものです。4月から「成長ノート」を核として作文指導を継続しますが、「成長ノート」は、教師が書くテーマを与えて書かせます。「私の本」は、子どもたち自身がテーマを決めて書く、自分だけの作文ノートです。

　古賀さんと同じクラスだった野田美沙希さんが、「私の本」の中に「成長してきたのか？」という題名で、55項目の成長したことを整理しました。

> 「成長してきたのか？」
> 　4月7日から「成長したね」と卒業の時に言ってもらえるように成長してきました。
> 　今までたくさんのことをして学んできました。そこで、6-1で変わったこと・成長した時を今から書いていきます。
> 　1．自分の意見をしっかり持つことができるようになった。
> 　2．忘れ物・仕事忘れをする人が減少した。
> 　3．発表の声がはっきり大きくなった。
> 　4．自分から仕事をするようになった。
> 　5．シャープペン→鉛筆に全員がなった。
> 　6．群れにおかしいと気づいて集団になった。
> 　7．「きき方」が聞く→聴くになった。
> 　8．人に自分から訊くようになった。
> 　9．行動を迅速にできるようになった。
> 　10．人の顔色をうかがって公の場で行動しなくなった。
> 　11．人への感謝を心底からできるようになった。
> 　12．ユーモアを自分から入れることができるようになった。
> 　13．公の場に出ることができる「常識力」を持つことができること。
> 　14．当たり前のことを当たり前にできるようになった。
> 　15．計画を立てることができるようになった。
> 　16．四字熟語を沢山知ったこと。

17. 習ったことを自分の技能にできること。
18. 紙にものを言わせるのではなく自分の言葉で人に伝えることができること。
19. いじめがない良いクラスになった
20. 話す時は「言葉＋手振り」でが当たり前になった。
21. 予習してくる人が多くなってきた。
22. 利己主義→利他主義の考え方になった。
23. 挨拶に会釈をつけてするようになった。
24. 先生にタメ口で話さなくなった。
25. 目上の人には公的話法で話すようになった。
26. 発表の時、前を向いてではなくみんなを向いて言うようになった。
27. 辞書を引いて言葉を知るようになった。
28. 自分から気が利くことをするようになった。
29. ただの失敗→学ぶ失敗という考え方をするようになった。
30. 人の嫌がる綽名(あだな)をつけなくなった。
31. １つの物事を深く考えるようになった。
32. いらない物を学校に持ってこなくなった。
33. 本を沢山読んで頭に知恵を入れるようになった。
34. 人のため世のためと思って行動できるようになった。
35. けじめをつけられるようになった。
36. 自分で努力するようになった。
37. 価値ある無理をするようになった。
38. 良い無視をして人を成長させることができるようになった。
39. 人を待たせないようになった。
40. 時間より少し前に行動する人が多くなった。
41. 自分と人との違いを認め合えるようになった。
42. 意見が自分だけ違っていてもしっかり言い切れること。
43. 楽しそう・楽しい・楽しかったと思えること。

> 44．みんなが人の悪いところを注意できるようになったこと。
> 45．寸暇を惜しんで物事をすることができること。
> 46．目標が持てるようになったこと。
> 47．迫力姿勢を保つことを当たり前にできるようになったこと。
> 48．「手伝おうか？」と自然に言えるようになった。
> 49．人と意見を区別できるようになったこと。
> 50．笑顔で人と接することが普通になった。
> 51．一人の人を見かけなくなった。
> 52．先のことを考えて行動できるようになった。
> 53．あきらめたりする人がいなくなった。
> 54．人のフォローをすぐできるようになった。
> 55．掲示物がたくさんはってあること。

　私は、野田さんの「私の本」を読んで、その成長の事実に感動しました。そして、私はこの55項目を上位項目として、それぞれについて、そうなるために私がしたことや、結果として起こったことを10項目ずつ列挙し、550項目にまとめて、プリントとして子どもたちに配布しました。
　例えば、1項目めの「自分の意見をしっかり持つことができるようになった」に関しては、

> ・○か×か、AかBか、と自分の立場をまずはっきりとさせた。
> ・箇条書きで理由をたくさん書かせた。
> ・理由の数の量を全員の数が合うまで確認をした。
> ・「書いたら発表」のルール作りを徹底させた。
> ・指名の仕方の変化をつけ、「全員発言」になるようにした。
> ・自由起立発表を多用して、「自分から立って話す」という発言の力と心の強さを要求した。
> ・ノートを持ってこさせて○をつけ、書いたことに自信を持たせるようにした。

> ・黒板に書かせて発表させ、考えを全員にはっきりと示すようにさせた。
> ・発問指示を短文で話し、考えたり作業したりしないといけない状況に追い込んだ。
> ・自画像画を活用して「自分の意見」に責任を持てるようにした。

といった内容です。

「成長の授業」を創るために、具体的に様々な方法を駆使していたことがお分かりいただけるかと思います。

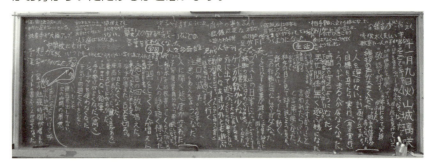

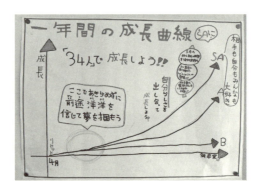

3 菊池省三が考える「授業観」試案②

　23ページに、「菊池省三が考える『授業観』試案②」を掲載しています。これまでに「菊池省三が考える『授業観』試案」(22ページに掲載)を発表してきましたが、1年間を見通した「主体的・対話的で深い学び」を実現していく、つまり、「成長の授業」を創り上げていくことをめざした試案図です。

　具体的に説明します。

【1日の取り組み】
●質問タイム
　毎朝行う取り組みです。ほめ言葉のシャワーの主人公に、テーマを決めて全員が質問する活動です。お互いを深く理解し合うことができます。
●黒板の5分の1
　授業中に黒板の左端を活用して行う取り組みです。身につけさせたい学習規律や学び方などを「価値語」の形で伝えるのです。「積極的な生徒指導」と以前は言っていました。
●白い黒板
　ねらいをもって意図的に黒板を、子どもたちの意見や考えで「白く」する授業です。全員参加の学びと集団の高まりを促します。

黒板の5分の1

白い黒板

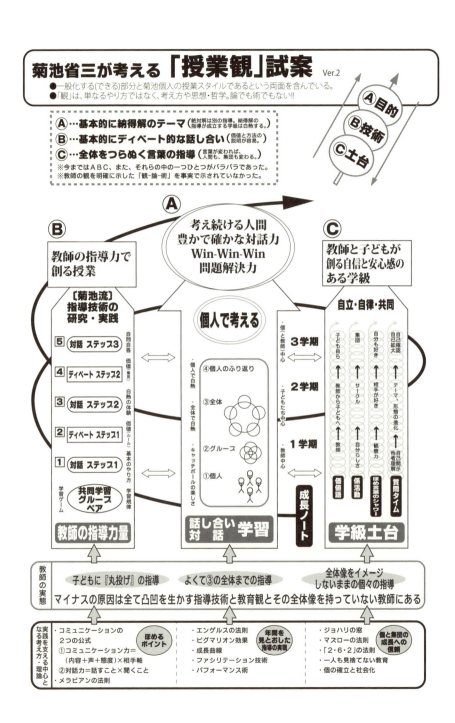

菊池省三が考える「授業観」試案② ver.1

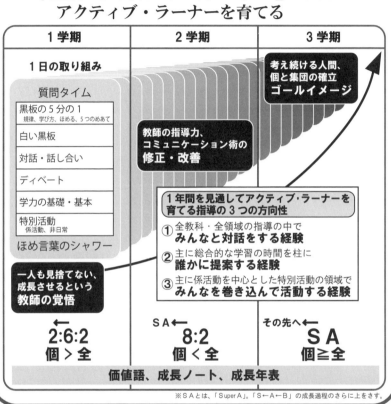

●対話・話し合い

　少人数による対話・話し合いの授業です。自由な立ち歩きを保障して、黒板も子どもたちに開放します。教師は、子どもたちの視界から消えます。

●ディベート

　学級づくりの視点も取り入れた「学級ディベート」を年間指導の中に取り入れます。対話・話し合いがより嚙み合った質の高いものになります。

学級ディベート

●学力の基礎・基本

　学力の基礎・基本は、読書、漢字、計算、音読、作文などの力と捉えて鍛えます。辞書類は机の上に常に置かせておきます。

●特別活動

　自分らしさを発揮しやすい係活動を大切にします。高学年では会社活動、低学年ではお店屋さん活動といった名称にします。

●ほめ言葉のシャワー

　帰りの会で行います。主人公に全員がほめ言葉をシャワーのように浴びせます。お互いのよさを認め合う活動です。子どもたちの関係性を上げ、対話・話し合いへとつなぎます。

【1年間の取り組み】

●価値語指導

　子どもたちの考え方や行動をプラスに導く価値語を、積極的に「植林」していきます。言葉の力を理解し始めると、子どもたちの方から価値語を生み出すようにな

価値語モデルのシャワー

24　第1章　「成長の授業」を考える

りまず。

●成長ノート

子どもを公社会に役立つ人間へと育てるためのノートです。教師がテーマを与え、赤ペンは、ほめて認めて励ますために入れます。

●成長年表

学級の成長を年表の形で掲示します。非日常の活動が中心となります。教師と子どもがつくる学級の成長の軌跡です。

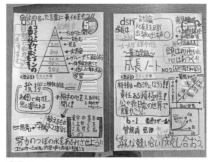

成長ノート

最後の菊池学級の成長年表

以上の11の指導を核に相互に絡み合わせながら、「成長の授業」としてその全体像を創り上げています。

■4つの視点

　学級づくり、授業づくりの4つの視点をもって、1年間の指導を行います。

　①年度初めから、「子どもは絶対に成長する」と信じ、教師としての覚悟をもつ
　②どういう学級にするか、はっきりとしたゴールイメージをもつ
　③1年間の見通しをもって指導する
　④指導は、子どもたちの様子を見ながら柔軟に修正し、改良していく

■アクティブ・ラーナーを育てる「成長の授業」

　「成長の授業」のポイントとして、次の3つのことを強く意識しています。

　①全教科・全領域の指導の中でみんなと対話をする経験
　②主に総合的な学習の時間を柱に誰かに提案する経験
　③主に係活動を中心とした特別活動の領域でみんなを巻き込んで活動する経験

　以上のような学びは、従来の一斉指導の授業観に立った授業とは違い、アクティブ・ラーナーを育てるこれからの時代に必要なものであると考えています。

4 子どもの変容を見る「成長の授業」

　従来の一斉指導の授業観に立った授業と「成長の授業」の違いは、子どもが知識を身につけたかどうかではなく、どのように変容したか（成長したか）を見るということでもあります。子どものもつ「よさ」をどのように評価していくかは、戦後の学校教育の中でも変化してきました。

　私は、依頼を受けて、雑誌「児童心理　臨時増刊号　No.975　2013年10月号」に、「学級経営にポジティブ思考でどう対応するか　学級崩壊に陥ったクラスを立て直す『ほめ言葉のシャワー』」と題する寄稿をしました。

その号の特集は、「子どものよさを生かすポジティブ思考」だったのですが、そこに掲載された論文の一つに、日本大学教授の佐藤晴雄先生による「学校は子どもの『よさ』にどう注目してきたか」がありました。
　佐藤先生は、この中で、指導要録の変遷に焦点を当てながら、子どもの「よさ」の捉え方や生かし方の変化を探られました。その記事をもとに、「よさ」の捉え方や生かし方の変化を表にまとめてみました。

◆学校教育における「よさ」の変遷

時　代	内　容	「よさ」のポイント
伝統的な日本の社会 （民俗学者・柳田國男の分析）	「凡人」が理想的な人間像とされる	どこに出しても恥ずかしくない、よくも悪くもない人間。「中庸」の枠内にあって目立たず、他者と「調和」すること
戦前の学校	教育勅語に示された徳目	「調和・中庸」に「よさ」を求める
昭和22年 「学習指導要領の解釈及び適用について」	個人内評価の考え方を示しつつ、基本的には態度的「よさ」を相対的に評価	
昭和30年代 学習指導要領が法的拘束力をもつ	五段階相対評価が支配的。「行動及び性格の記録」では、個人内評価の考え方も示される	相対的「よさ」が強く求められる
昭和41年 中教審答申「後期中等教育の拡充整備について」		個人、家庭人、社会人として期待される諸徳性を子どもや国民の「よさ」の基準とする
昭和40年代 学習指導要領改訂	評価の比率を機械的に振り分けないように留意。比較ではなく、児童生徒自身についての所見を記録	学力重視傾向で、「よさ」の評価が学力の「優秀」さにシフト
昭和46年 指導要録	「所見」の対象拡大	「よさ」を広く捉える傾向が現れる
昭和50年代 学習指導要領改訂	知識偏重を改め、「ゆとりと充実」を目指す	学習に関わる「よさ」を相対的に評価するだけでなく、絶対評価としてみようとする傾向を強める
昭和60年代 臨時教育審議会答申	画一性や硬直性を問題視する考えから「個性重視の原則」を打ち出す	「調和・中庸」や「優秀」以外の観点から「よさ」を見いだそうとする傾向が強まる
平成元年 学習指導要領改訂	小学校低学年で評定欄廃止 「行動の記録」の評定欄は、「行動の状況」に○のみ記入に改められる	「長所」、換言すれば「得意」としての「よさ」に着目しようとする

時　　代	内　　容	「よさ」のポイント
平成8年 中教審第一次答申	個性を見いだし、自らにふさわしい生き方を選択していくのを支援するのが教育	自己有用感、自己肯定感などの概念が学校現場で盛んに用いられる
平成13年改訂 指導要録	個人内評価の工夫を求める	自己の価値や存在、つまり「得意」と「自己実現」などの絶対的な「よさ」が注目され、重視される
平成22年 指導要録		

　このように、指導要録という国の児童生徒の評価の方針は、「中庸・調和」から「優秀」、「得意」、「自己実現」へと重点が変わりつつ、範囲を広げてきたことがはっきりと分かります。ところが佐藤先生は、「実際の教員の指導方針は必ずしもその観点にそうものとは言えない」と指摘し、現場の「よさ」の捉え方に疑問を呈しています。

　さらに、佐藤先生は、ベネッセ教育総合研究所の調査データをもとに、学力低下や生徒指導上の課題の増加を背景として「可能性や個性を重視する教員が減り、一定の枠組みにあてはめたり、客観的な基準で評価したりする教員が増えたと解せる」と、「中庸・調和」や「優秀」を評価の軸とする傾向が再び強まっていると分析されています。

　私は、学校現場に33年間いた人間として、一斉指導中心の「できたか、できないか」「覚えているか、覚えていないか」という評価が、いまだ中心となって行われていることを感じてきました。

　私は、教育や学校の目的を考えたとき、そして、子どもたち一人ひとりのでこぼこを生かしてアクティブ・ラーナーを育てていくことを考えたとき、個性や可能性に着目した「よさ」の捉え方がどうしても必要であると考えています。

　私は、生活綴り方教育、単元学習、そして言語技術教育に主に学びながら教師生活を送ってきました。同時に、教育界の閉塞感を体で感じながら、今の時代に必要な授業観、教育観を模索してきました。

　その中で辿り着いた「成長の授業」という考え方と具体的な方法を、責任と誇りをもって、本書の中でお示しするものです。

第2章 「成長の授業」を生む11の視点

第2章 「成長の授業」を生む11の視点

① 質問タイム 全員が一人に質問する

岡田晃志（菊池道場大阪支部）

1 お互いを多面的に理解し合う「質問タイム」

　菊池道場機関誌「白熱する教室」（中村堂）の中にある「菊池省三が考える『授業観』試案」には、質問タイムはⓒ『全体をつらぬく言葉の指導』の中の価値語・係活動・ほめ言葉のシャワーと並んだ柱の一つの指導として挙げられています。

　質問タイムは、朝の会でその日の主人公に全員が質問をします。「コミュニケーション力あふれる『菊池学級』のつくり方」（中村堂）には、「（朝の質問タイムによって、）お互いのことを多面的に理解し合うことができます。それによって、コミュニケーションの土台でもある温かい人間関係が築かれていきます」とあります。「教師と子どもが創る自信と安心感のある学級」をめざす活動です。

　質問タイムの目的は、大きく３つあると考えます。

　１つ目は、相互理解を深めるということです。子どもたちの間には、同じクラスであっても知らないことがあります。全員で主人公に質問をし、関連した質問をし続けることによってどんどん掘り下げ、もしそれが生活につながることなら、お互いを理解し、主人公のよさに気づくことができます。

　２つ目は、対話のきっかけをつくることです。子どもたちの間には、一日の中でお互いに一言も話さないということがあります。全員が主人公に質問をすることで、友達と対話をするきっかけをつくります。

　３つ目は、考えをまとめたり、深く考えたりできるようにすることです。質問されたことに（今、自分はどんなことを考えているのだろう、どんな自分になりたいのだろう）と自己内対話をし、答えを表現することで考え続ける力を身につけることができます。

2 「質問タイム」指導の覚悟・1年間の見通し

○自分のことを語り、自分のことを考え続ける子どもに

　質問タイムを成立させるためには、以下の3つのことが必要だと考えています。

1．安心して自分を出せる子どもたちの雰囲気・関係づくり

　子どもたちがいちばん聞いてほしいのは、いちばん言いにくいことです。一人ひとりが聞いてほしいこと、言いにくいことを言い合い、聞き合えるクラスの雰囲気、関係づくりをしなければなりません

2．相手のことを引き出す質問の技術の指導

　コミュニケーション力の向上には、会話力も必要ですが、相手の話を引き出す力が不可欠です。相手が自分のことを語り、自分のことを考えることができる質問力が必要です。

3．自分のことを語る言葉の指導

「価値語100ハンドブック」（中村堂）には「言葉は実体験を求めるのです」とあります。普段の授業や価値語・成長ノートなどでの言葉を実際に使い、実体験することで自分の言葉になっていきます。

　以上のことを意識し、年間を通して、指導を積み重ねていくことが必要です。子どもたちは、質問タイムに取り組むことで、自分に自信をもち、過去の自分を振り返り、これからの自分はどうあるべきかと、自分と対話します。そして、一人ひとりの子どもに自分の居場所をつくり、自分を語り、自分のことを考え続ける力を身につけることをイメージして質問タイムに取り組みます。

○「質問タイム」年間計画　1年間の見通し

　子どもたちが身につける力のゴールイメージを「自分のことを語り、自分のことを考え続ける子ども」とし、大きく3つに分けて計画を立てます。

1学期　質問・応答を楽しむ（自己開示）

　自分のことを語るためには、「心が通い合っている」「どんなことでも打ち明けられる」「言ったことが十分に理解される」と感じられる関係が必要となってきます。そんな関係を築くために、スモールステップで関係をつくっていきます。質問タイムを始める前に、「『話し合い力』を育てる　コミュニケーションゲーム62（中村堂）」を参考に、ゲームを通して、質問・応答を楽しみ、質問の技術面と態度面の指導を行います。ある程度子どもたちの関係性ができてきた頃に、ほめ言葉のシャワーと同時に朝の会での質問タイム（１巡目）を行います。

2学期　自分の好きなことを伝え合う（自己表現）

○宝物紹介スピーチ

　１学期の質問タイムやほめ言葉のシャワーで自分を出せるようになった子どもたちが、自分のことを友達にもっと知ってもらうために、宝物の紹介を行います。実物や写真を持ってきて見せ方に工夫をしたり、「～じゃないですか」と対話を意識した話し方をしたり、宝物にまつわるエピソードを話したりして自分らしさを表現します。

3学期　らしさを引き出しあう（自己拡大）

○質問タイム（2巡目）

　1巡目の質問タイムでは、「好きな食べ物は何ですか？」や「習いごとは何ですか？」といった簡単な質問から、2巡目の質問タイムでは「あなたにとってこの教室はなんですか？」や「どんな成長をしましたか？」といった内面を深く掘り下げていく質問、いわゆる「成長系」の質問をするようになります。これまでの成長について質問されることによって、自己内対話をして考えを整理・確認します。さらに具体的に言葉にすることで自分の可能性を広げていく質問タイムになっていきます。

3 実践

1学期　質問・応答を楽しむ（自己開示）

○出会い

　2016年4月、34人の子どもたちと出会いました。子どもたちの中に「自分のことをほめるなんてナルシスやん（ナルシストのこと）」と自分のことを出せなかったり、何かあるとすぐにけんかし、友達に暴言を吐いたり、手が出てしまったりするので、友達から避けられることもあったＡさんがいました。Ａさんは、「このままではだめだ。自分を変えたい」と思いながらもなかなか自分を変えられずにいました。

　Ａさんに自信をもたせ、変えるには、まずＡさんが変わることができる学級の雰囲気づくりを一番の目標として考えました。周りの友達のＡさんを見る目を変えるために、私自身がＡさんのいいところを見つけて、周りに伝えていくことにしました。お互いのことを知り、認め合い、一人ひとりに居場所ができ、自信と安心感があふれる学級になれば、Ａさんも安心して自分を出せるようになるのではないかと考え、「菊池実践」の取り組みを始めました。どんなにすばらしい実践でも、子ども同士の関係ができていなければ、「やらされ感」が子どもに残るだけです。少しずつ子どもたちとつながり、子ども同士がつながる取り組みを行いました。

○先生への質問

　成長ノートに先生への質問を書かせました。初めて出会った子どもたちと関係づくりをするためです。書かれたことにはすべて答え、まず教師が自己開示するところを見せました。

○コミュニケーションゲーム

　「『話し合い力』を育てる　コミュニケーションゲーム62」の中にあるコミュニケーションゲームを通して、友達とつながること、対話の楽し

さを味わいながら、質問タイムに必要な態度面や技術面の指導をしていきました。

|態度面の指導| 相手の話を聞くことは友達を大切にすること
傾聴姿勢（うなずく・相槌を打つ・笑顔で聞く・目、耳、心で聞く・正対する）

|技術面の指導| 質問のコツ（き・く・こ・よ・ね）※下の黒板の写真参照
引用する（〜と言いましたよね）
聞き手を意識する（〜じゃないですか）
価値語を通しての言葉の指導

○**質問ゲーム**

質問力を高めます。
①3人組をつくります。
②質問に答える人は1人、質問する人は、2人です。
③2分間質問を続けます。同じ人が質問できるのは2回までとします。いくつ質問ができたかを黒板に得点を書きます。
④得点が多かったチームに「どんな質問をすれば得点を稼げるか」を聞き、1分間の作戦タイムをとります。
⑤質問に答える人と質問をする人を交代し③④を繰り返します。
⑥点数の多かったチームに拍手をします。

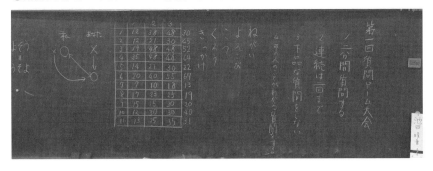

> Aくんの質問ゲームの感想（4月21日 成長ノートより）
> おもしろかったです。みんなとわかりあえて（あっそうなんだ〜）と心の中で思いました。数よりもみんなのことがいっぱいわかってよくつたわりました。

　勝ち負けにこだわり、負けるとすねたり、腹を立てたりしていたAくんが友達とつながることや友達と分かり合えることの楽しさを分かってきたようです。

○対話型問答ゲーム

　決断力と即興力を高めます。

①ペアをつくります。

②じゃんけんをして、勝ったほうが負けたほうに質問をします。

③負けたほうは3秒以内に「はい」か「いいえ」で答えます。

④続けて、なぜそう思うかを「理由を3つ言います。1つ目は〜」と理由を言います。

⑤言えたら、交代します。

⑥2人とも言えたら理由を4つ、5つと増やしていき、言えなくなったら負けです。

　トーナメント形式で行い、Aくんは決勝まで進みました。惜しくも判定で負けてしまいました。しかし、決勝相手と握手をし、その後のみんなからの感想をにこにこしながら聞いていました。

○質問タイム（1巡目）

　ほめ言葉のシャワーと同時に質問タイムを開始しました。

「好きな食べ物は何ですか？」「習いごとは何ですか？」といった外面的な質問から始まり、「将来の夢は何ですか？」「将来に夢をかなえるため

に努力していることは何ですか？」といった内面に入り込んでいく質問になっていきました。

> 質問を受けたAくん感想（7月20日）
> いろいろなことを聞いてくれて、答えるのに恥ずかしかったけど、ぼくは、みんなのことを信じて答えました。ほかの人が言っているときに前かがみで聴いてくれて嬉しかったです。ここに立っていてみんながぼくの目を見てくれているので嬉しいです。今日一日がんばりますのでぼくを応援していてください。

　Aくんは自分に向けられる周りの子の温かい目を感じ始めました。そして、Aくんは自分のことを少しずつ話し始めました。

|2学期|　自分の好きなことを伝え合う　（自己表現）
○宝物紹介スピーチ

　自分を表現する方法の一つとして取り組みました。実際に実物を持ってきて、見せ方に工夫をしながらその宝物にまつわるエピソードを順序立てて話をしました。Aくんは「お父さんに買ってもらったカードゲームのカード」を持ってきて、嬉しそうにエピソードを話してくれました。

〔子どもたちが持ってきたもの〕

　飼っているねこの写真・そろばん・お母さんに作ってもらったお姉ちゃんとおそろいのカバン・おばあちゃんに買ってもらったパラパラまんが・本のしおり・習いごとのサッカーのユニフォーム・初めて買ってもらったサッカーボール・幼稚園の時に買ってもらったぬいぐるみ・ミニカー・百人一首大会でもらったトロフィー・パズルなど。

| 3学期 | らしさを引き出し合う （自己確認・自己拡大）

○質問タイム（2巡目）

　1巡目の質問タイムで「自己開示」をし、宝物紹介スピーチで「自己表現」できる安心感と楽しさを実感した子どもたちは、2巡目の質問タイムでは、「3年生と比べてどんな成長をしましたか？」「今年（今年度）の自分を漢字1文字で表すと何ですか？」「今の気持ちは何色ですか？」「あなたにとってこの4年4組は何ですか？」といったこれまでの成長に関する質問が増えてきました。これは、質問することで自分の成長と比べ、自分の成長を確かめるとともに、友達に関心をもち、友達を認めるようになった表れだと考えています。また、質問タイムを始める前に「私をもっと成長させる質問をしてください」という子も出てきました。自分の成長してきたことを確かなものにしたい、もっと成長させたいということを感じ始めたのかなと思いました。

　Aくんはこの頃になるとけんかもすっかりなくなり、困っている友達に声かけをしたり、休みの子に連絡することを何も言わずに書いてくれたり、友達のために動くことに自己有用感を感じているようでした。

Aくんの質問タイムより（抜粋）（1月30日）

Q：将来の夢は大工さんで、いろんなものを作っているといいましたよね。いろんなものを作って成長したことはなんですか？

A：成長したことは、みんなに教えるのがうまくなったことです。困っている人がいたら勝手に口が出て「これはこうしいや」とか言ってできたらそれで「ありがとう」と言われるのが嬉しいからもっとやります。

Q：3年生の時は暴れまわっていたんですけど、今は暴れまわっていませんよね。1年間で何が変わったんですか？

A：3年生の時に4年生になったら（友達と）仲良くしようと思ってて、4年になって3年生で言ってたことを思い出してリセットして友達と仲良くしようと思いました。4年4組になって友達がたくさんできました。

> （感想）（1月30日）
> 　感想を3つ言います。
> 　1つ目は3年生のころと比べて質問してくれて、ぼくもこんな悪いところがあったと思い出させてくれて嬉しかったです。
> 　2つ目は、ぼくの夢のことをいっぱい深掘りしてくれて、ぼくも一歩ずつ夢にふみだしているんだなと思いました。
> 　3つ目は、みんながぼくのことを質問してくれて、ぼくも成長したし、いっぱい聞いてくれて信用があるんだなと思いました。
> 　ありがとうございました。

4 「質問タイム」指導のまとめ・子どもたちの成長の事実

○自分を語り始めた子どもたち

　Bくんが1月のある日、私のところへやってきて「先生ちょっと時間をもらっていいですか？」と聞いてきました。Bくんは持病があり、自分の病気のことをもっと知ってもらいたいというのでした。

　自分のことを話したBくんに自然と質問タイムが始まりました。Bくんはみんなからの質問に丁寧に自分の言葉で答えていきました。

　その後、なぜBくんはみんなの前で話ができたのか感想を書きました。

> Bくんの感想（1月20日）
> 　自分の話ができたのは、みんなを信じてるからです。自分はとてもどきどきして、話したら、いじめられるかなと思って、体がふるえていたけど、みんなが温かい目で見てくれていたのでふるえがとまって安心して話ができたからぼくはみんなと成長します。ありがとうございました。

> Aくんの感想（1月20日）
> 　自分ならとまどい、言えないけど、Bさんは、勇気をふりしぼって言っているのがスゴイと思いました。4－4のみんな一人一人がたすけあい、ともにまなんだから言えたと思います。
> 　ぼくは、三年の時、手におえないほどあばれて、三年の時のあだ名が「青おに」でした。自分は心の中ではかなしかったし、みんなにほっとかれた事もあり、きらわれていて、ろくにあそべなかった。家に学校から電話がきて、お母さんやお父さんをこまらせた。その時の自分はただのバカでした。友達とケンカし女の子にもようしゃしなかった。担任の先生とケンカして、ちびっこ（学童）ではじゃまあつかいされていた。が、4年生になり、リセットし、また新しい人生を歩んでいこうとおもいました。今、4－4でいられることが幸せです。

　子どもたちは表現方法が乏しい上に、自分のことを「理解してもらいたい」という気持ちが強いため、言葉のすれ違いから友達とけんかになってしまいます。Bくんが自分を語ったのも、Aくんが変わり、過去の自分を語れるようになったのも、質問されることで自己開示をし、友達に理解してもらえたということと、周りの友達がAくんを理解しようとしたからだと思います。自分を分かってもらうためには人の気持ちを理解することが必要です。そんな関係を築くためには質問タイムだけでは成立しません。ほめ言葉のシャワー・価値語・成長ノートなどとからめながら自己内対話をする必要があると考えています。質問タイムは、子どもたちが自分らしさを発揮し、今、自分に何ができるのかを考え、学び続ける子どもを育てていくための実践です。

第2章 「成長の授業」を生む11の視点

② 教師のコミュニケーション術
教室の空気を創る

加倉井英紀（菊池道場福島支部）

1 ▶ 教室の空気を創る「教師のコミュニケーション術」

　そもそもコミュニケーションは、人間関係が土台にあって成立するものです。教師が子どもとつながることを「縦糸」、子ども同士がつながることを「横糸」と、一般的に言われています。この縦糸と横糸が絡み合うことで、温かく認め合う学級になります。菊池実践における「教師のコミュニケーション術」は、教師の働きかけで個と個、個と集団を「つなぐ」ことであり、「教室の空気」創りであると、私は考えています。

2 ▶ どのような意味合いをもつのか

　菊池実践における「教師のコミュニケーション術」とは、教師の働きかけで個と個、個と集団を「つなぐ」ことですが、それは単に教師の子どもとのつながり方という技術の部分だけでなく、教師自身の教育観・指導観が表れた術であることを意味しています。これは、教育活動全体でみられるものです。菊池実践における主な授業は、**「知識重視」**ではなく、**「変容重視」**の授業観・指導観です。これは、単に知識が身についたというだけのものでなく、前の自分と比べてどのように心が成長してきたか、情緒面での変化を重視していくということを意味しています。

　菊池道場では、1つの授業に関して5つのめあてをもって授業を行っています。①表のめあて②学級経営・心理的なめあて③学習規律的なめあて④学び方・考え方のめあて⑤子ども同士のつながりを育てるめあてです。（「1時間の授業で子どもを育てる　コミュニケーション術100」（中村堂）参照）

　1時間の授業であっても、教師が縦糸や横糸をつないでいくという思いをもって授業を行うことで、「知識重視」から「変容重視」の授業へ変

化させることができるのです。そして、それらの授業の総称が「成長の授業」と捉えられるものになるのです。

3 「教師のコミュニケーション術」を意識していくうえでの覚悟

　教師は、「**授業**」を通して子どもたちと関わる時間が圧倒的に多くあります。したがって、教師が授業を通して子どもたちを成長させようという思いを強くもつことが大切であると考えます。子どもたちには可能性があり、どんな子どもたちも理解したい、できるようになりたい、仲良くなりたい、成長したいと思っている、と教師がプラスに考えていくことです。さらに、教師の想いを日常生活で伝えることや「成長ノート」などのコメントで伝えていくことで、子どもたちにもしっかりと納得させていくことが大切であると考えます。それを通して、温かい教室が創られ、子どもたち自身が「成長の授業」と捉えるようになっていきます。

4 １年間を見通した視点

　１年間を見通して、教師のコミュニケーション術について考えたとき、大きく３つに分けられます。
①教師主導で「教室の空気」を創る
②子ども主導で「教室の空気」を創る
③一人ひとりが個の確立した「教室の空気」を創る

　教師が見通しをもって意図的に指導にあたることで、個の確立したコミュニケーション力豊かな児童を育てることができると考えます。

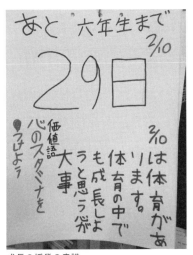

成長の授業の意識

5 「教師のコミュニケーション術」が創り出すアクティブ・ラーナー

　子どもたちが、一日の学校生活の中でいちばん長い時間を過ごしているのは授業です。1年間約1000時間もある授業時間において、教師が子どもたちに対して、社会で通用する「コミュニケーション力」を育てようとする視点をもっているかどうかということは、大変重要なことです。そこで、意図的・計画的に「コミュニケーション力」を高める「教師のコミュニケーション術」について3つの時期に分けて紹介します。

(1) 教師主導で「教室の空気」を創る（主に1学期）

　まず、1学期の取り組みについて考えていきたいと思います。4月の時期の学級は一言でいうと、硬さがあります。分かりやすく言うと、スピード感がなく、他人に対して警戒感が見られ、相手軸も育っていない状態です。このような学級の状態では、縦糸も横糸もつながりが弱く、あまり笑顔が見られません。こうした状況のまま、ディベートやほめ言葉のシャワーなどを行っても効果は得られにくいでしょう。そこで、まずは、教師主導で温かい「教室の空気」を創っていく必要があります。

①温かい空気を創り出す「拍手」

　「拍手」はコミュニケーションがあふれる授業の中で欠かすことのできない動作です。「拍手」は最高のほめ言葉とも言われます。しかし、「拍手」にも「空の拍手」と「本気の拍手」があります。相手を承認し称賛する気持ちをもちながらまずは、教師が率先して【強く・細かく・元気よく】拍手をしていきましょう。その意義が子どもたちにも理解されると、学級が温かい雰囲気に包まれ、コミュニケーション量が増えることにつながります。

教師の本気の拍手

②相手軸を高めさせるための教師の覚悟

　教師の「一人も見捨てない」という覚悟を示し、子どもたちに伝えていくことが大切です。

　　1 【行動➡価値付ける➡価値語を示す➡全員に伝える】
　　2 【価値語を示す➡行動➡価値付ける➡全員に伝える】

　教師のコミュニケーション術として、1と2を授業に意図的に仕組んでいきます。話し合いを中心とした白熱する教室をつくっていく土台は、子ども同士の横の関係です。信頼関係のないところでは、話し合いは成立しません。4月や5月の時期は、縦糸を強化させることを意識し、多めにほめるようにします。特に、気になる子どもを重点的にほめます。それは、子どもが教師に感化され、次第に友達をほめるようになるからです。この連鎖が、プラスのストロークを生み、横糸の強化にもつながっていきます。ここで注意したいのが、いきなり子ども同士をつなげようと意気込んで、お互いによいところをほめ合う活動を強制しないことです。ほめたりほめられたりする経験が少ないにも関わらず、教師が強制的にほめ合う活動を設定すると、せっかくのコミュニケーションを図る機会が失敗に終わり、「やらされ感」だけが残ってしまうことがあるからです。したがって、まずは、教師が子どもを多くほめ、その言葉の温かさを感じさせていきます。その際、ありきたりのほめ言葉や気持ちの入っていないほめ言葉では子どもたちの心に入ってはいきません。「**本気**」のほめ言葉を贈る覚悟が大事です。

　全体に共有させる際には、子どものよかった行為を取り上げ、「どこがいいと思う？」などと子どもに問いかけ、子どもたちの美点凝視の感覚を磨いていきます。1学期はこのようなコミュニケーション術を毎時間取り入れ、ほめ合うことに慣れさせていきます。ま

価値モデル

た、毎日写真で記録を残しておくことで、子どもたち同士のほめる視点を鍛えていきます。

(2) 子ども主導で「教室の空気」を創る（主に2学期）

　ほめ合うことに慣れ、ある程度横糸が強化された頃になると、学級に笑顔があふれてきます。拍手も自然と出るようになり、話し合いにもスピード感が出てきます。それは、子どもたちの中に信頼関係が構築され、学級に安心感があることが要因に挙げられます。この時期は、教師のコミュニケーション術として、「**束になって伸びる**」というキーワードを意識させていきます。話し合いのある授業と学校行事を例に、2学期の教師のコミュニケーション術を紹介していきます。

　まず、1学期との違いは、子ども同士の横糸が強化されたことで、感化し合う意識が広まってきていることです。これは、日頃からプラスのストロークを生み出す、コミュニケーション活動を多く取り入れてきたことが関係していると考えます。少しずつ「教室の空気」創りのきっかけも教師から子どもたちになってきます。

① 子ども主導の話し合いになるための教師の関わり方

　子どもたち同士で「教室の空気」を創っていくことで、白熱した授業になり、「成長の授業」につながっていくと考えます。このような状態になることで強い学びになっていきます。そのようになるためには、日頃から子どもたちに失敗感を与えないようにすることが大切です。教師が間違いをフォローするような関わりをし、ほめることで学びに対して安心感を与えられるようにしていくのです。それを通して、お互いに支え合い、頑張っていこうという雰囲気が生まれてきます。また、授業において、責任ある積極性が見られた場合には、取り上げて学級全体の中でほめます。そうすることで、学びは与えられるものではなく、自分たちで進めていくものであるという学習観の転換へと進歩していきます。これが、学級全体に広がるようになると束になって伸びることにつながります。

話合いにおける責任ある積極性

②学校行事において、束になって伸びるための教師の関わり方

2学期は、様々なイベントが計画されています。その一つ一つを成長につなげていくための教師のコミュニケーション術について考えていきます。
　まず大事なことは、一つ一つの行事はあくまでも通過点であるという認識をもって取り組ませるということです。それを理解したうえで、束になって伸びるための教師の関わり方を紹介します。

1　心構えの指導
　子どもたちが前向きに行事に取り組めるように、心構えをきちんと指導します。その際、その頑張りや意欲を称賛し、可視化することが効果的です。また、教師が子どもたちとの対話を通して、イベントの目的や目標をきちんと理解させることで学びの意欲も高まっていきます。

2　相互評価を入れる指導
　行事は学年や学校全体で行うため、個々の子どもより、集団として子どもたちを見る場面が多くなり、一人ひとりのよさを認める機会が少なくなりがちです。子どもたちをひとくくりに見るのではなく、個人と集団両方の視点で子どもたちの成長を見ていく必要があります。そこで、子ども同士の相互評価を取り入れていきます。その取り組みをさせることで教師に評価されるよりも一層意欲が高まっていきます。

3　未成功の指導
　練習が進むと、教師にも熱が入り、しばしば大声で指導してしまうことも少なくありません。行事の練習などでは、様々な出来事が起こります。このドラマに対してネガティブにならずに、「チャンス！」と捉えていきます。「トライ＆エラー」の繰り返しの中で、飛躍的に成長していけるのです。何度も述べますが、教師がどっしりと構え、「ピンチはチャンス！」と子どもたちに挑戦する前向きな気持ちを

学習発表会での白い黒板

伝え続けることが、束になって伸びていくためには大切です。

（3）一人ひとりが個の確立した「教室の空気」を創る（主に3学期）

　3学期になると、集団としての伸びも見られるようになり、学級における空気も自分たちで創れるようになってきます。しかし、子どもたち一人ひとりの成長を見るときには、再び個に戻っていくと考える必要があります。学級全体としての振り返りだけでなく、こうした学びの振り返りを、子どもたち個々に返していくことも、大切な教師のコミュニケーション術の視点です。自分に自信をもち新しい道に進んでいくためには、一人ひとりが自分の成長と課題を把握し、個の確立に迫っていく必要があり、そのための意図的な教師のコミュニケーション術があります。

①牽制すること

　個が確立した児童を育成していくためには、お互いを称賛しつつも、牽制し合い、成長曲線を加速させていく必要があります。信頼関係が築かれ、縦糸や横糸が強化されてきたと感じたこの時期に、「成長」をキーワードに様々な場面で牽制し合うような取り組みを入れていきました。

1　質問タイムでのやり取り

　質問タイムでは、主役の子が成長していくために必要な課題を全員で出し合い、話題をつなげていくように助言しました。そして、それを踏まえてどのようなことを意識して一日を過ごしていくのか決意表明をさせます。

（「私の課題は、自分からなかなか動くことができないので、今日は自分から行動する場面をなるべく増やして生活していきます」など）子どもたちから出ないことは教師が示していくことも大切なコミュニケーション術であると言えます。このような、教師の意図的なコミュニケーション術が、無自覚だった自分の課題を理解することにつながり、成長曲線を加速させていきます。

牽制し合う質問タイムの感想

2 授業中でのやり取り

この時期になると、授業中でも牽制し合う場面が見られます。「群れではなく集団へ」や「楽な方に行かない」という言葉を投げかけることで、強い学びにもなっていきます。これらの価値語を学級全体に投げかけることで、男女関係なく学び合う姿が多くみられます。

男女での学び合い

②自分色に染めすぎない関わり方

3学期のこの時期、担任は、「みんながまとまった学級を最後まで維持していこう」という意識が強くなります。しかし、子どもたちはこの先、担任の手の中から飛び出し、新しい世界を生きていきます。自分色に染めすぎずに、未来を見据える視点が大切になってきます。そのように考えたとき、助言するのではなく学級の子どもたちだけで、考えながら取り組んでいく係活動や学級会も大切にしたいと考えています。教師が遠目から子どもたちの頑張っている様子を笑顔で見守り、安心感を与えるというコミュニケーション術も必要になってきます。

学級会の様子

その経験が次のステージにつながっていくと信じています。

6 「教師のコミュニケーション術」のまとめ

(1) 子どもたちの成長の事実

　コミュニケーションを重視した授業をしてきた子どもたちは、学びに対して強い意識をもつようになり、仲間意識や答えが出ない問いに対して考え続ける意欲など心が大きく成長してきます。しかしそれは、教師の意図的なコミュニケーション術が大きく影響していると言えます。それは、言い換えると、「教室の空気感」とも言えるでしょう。ここで、私のクラスの子どもの変容を紹介します。

　クラスのある女の子は、「責任ある消極性」をもった女の子でした。自分に関係することはしっかり行うが、それ以外のことは無関心で、自分から行動するということはあまりありませんでした。しかし、価値語や成長ノート、普段の教師とのやり取りや子どもたち同士のつながりを通して積極的になり、3学期の頃には、自分がクラスを引っ張っていくと

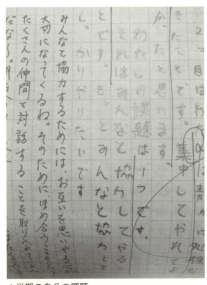
1学期の自分の課題

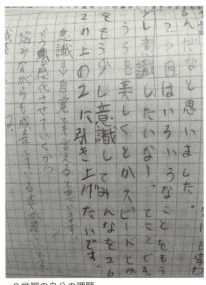
3学期の自分の課題

いう気持ちになり、「責任ある積極性」をもった存在に変容していきました。そのことが周りの友達にも広がり、個が確立した人間が育成される

ようになっていきました。

（2）教師のコミュニケーション術の必要性

　昨今、知識だけを学ぶ授業スタイルでは、授業が成立しにくいことが多くなってきています。それは特別な支援が必要であったり、外国をルーツにもっていたり、家庭に複雑な問題を抱えていたりと、学習以前に様々な困難を抱えた子どもが多くなってきたからです。

　その状況を踏まえたとき、表のめあてに加えて、4つのうらのめあてを大切にして授業をする必要が出てきます。特に、様々な困難を抱えた子どもは、自分の考えを言葉や文章でうまく表現できず、歯がゆい思いをしています。時には、そのことが原因で叱られたり、からかわれたりすることもあるでしょう。こうした経験が多ければ多いほど、周りとコミュニケーションを取ることに対して大きな不安や後ろ向きな気持ちになってしまいます。ですから、教師が子どもたちに失敗感を与えないことやどんな発言もプラスに取り上げること、次につながるようにその発言を価値付け、意味付けをしてあげることが必要になってきます。つまり、今まで以上に、教師のコミュニケーション術、教室の空気創りが大切になってきているのです。

5つのめあて

第2章 「成長の授業」を生む11の視点

③ 黒板の5分の1
価値語や学習規律を示して成長へ

安田まや（菊池道場高知支部）

1 ▶「黒板の5分の1」に価値語を示してほめる

　黒板の5分の1程度の端（私は左端）を利用して、子どもたちに意識させたい価値語や言葉を書き残し、プラスの行為につなげていきます。

　価値ある行為や言葉は、子どもたちが登校してから下校するまでの1日の中で、いつでもどこでも何度でも生まれます。この価値ある行為や言葉が黒板の5分の1に可視化されることによって、学級全員の視覚に入り、子どもたちは意識してその行為を行おうとします。**教師自身も、書いたことでその行為を行う子どもたちに目を向け、ほめることへとつながっていきます**。つまり、菊池実践の基本である「ほめる」につながる取り組みの一つなのです。

　私自身が「黒板の5分の1」によく書いているのは、学習規律、学びのポイント、意識させたい行為、ほめたこと、そして価値語です。

　これらの言葉は、教師側から与えることもあれば、子どもたちの行為や言動などから生まれるものもあります。

　教師側から与えるものとして、その時間に意識してほしい学習規律などを書きます。例えば、子どもたちの姿勢を正したい時には、「3cm背を伸ばす」と書くことで、見て意識させることができます。すると、

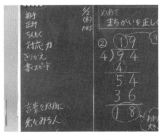

それを行動化する児童が出てきます。他にも、「切り替え」「着手スピード」等、45分間の授業の中でこれだけは学習規律のめあてとして意識させたいと思ったことを黒板の5分の1に書きます。子ども側から生まれる価値語としては、その日のプラス行為や素晴らしい言動に対して、価値を付け、ほめると同時に、黒板の5分の1に書き全体に知らせます。

そうすることで、共有化でき、学級全体がプラスの方向へと向いていきます。

2 「黒板の５分の１」指導の覚悟

◇いつからでもスタートできる

> 準備物：チョーク１本
>   　　黒板の５分の１のスペース

　この取り組みの利点は、いつでもスタートでき、準備物もいらないというところです。授業中に、この行動を意識させたいと思った時に、書けばいいのです。

◇マイナスメモからプラスのメモへ

　私は、この取り組みをする以前も、黒板の隅に、よくメモをしていました。しかし、メモする内容は、忘れ物をした人の名前を書いたり、班に花丸を付けていったりするという、いわゆるマイナスメモや簡単な評価メモでした。それを「プラスの言葉」に変えて、黒板の５分の１に書き、言葉を植林していきました。

◇長続きしない私でも…

　私自身、臨時講師時代を含め教師生活16年間、いろいろ模索しながらあれこれ実践してきました。しかし、すぐに諦めてしまうか、上手くいかなくてやめてしまうかのどちらかで、長続きするものがありませんでした。

　そんな私でも「黒板の５分の１」は自然に無理なく続けられました。そこには、書くことで、目の前の子どもたちに変容が見られるという実感があったからです。

また、この取り組みを１年間続けることで、子どもたちには、**たくさんの価値語を植林でき**、**私自身も言葉を意識して増やすことにつながる**と思い、覚悟をもって取り組み始めました。

3 実践（H28年度４年生の１学期、２学期、３学期）

◇「どうしよう」→「ようし、やってみよう！」

　私が担任させてもらうことになった４年１組は、一人ひとりがパワーのある子どもたちでした。低学年の頃は、元気で活発なイメージが強く、男女の比率も２：１と男子が多くてトラブルの話もよく耳にした学級でした。不安でいっぱいの年度当初で、まさに「どうしよう」という状態でした。

　しかし、４月の学年始めの休業中に菊池省三先生のお話を聞かせていただく機会があり、「子どもを育てるのではなく、人間を育てる」という言葉が心に残り、自分は何のために教師になったのか、改めて振り返ることができました。そこで「ようし、やってみよう！」という気持ちに切り替わりました。

　そんな「覚悟」をもって、挑んだ学級開きは、意外と楽しいスタートとなりました。

|１学期|

★「こんなことでもほめてくれるの？」

「黄金の３日間」という言葉があるように、学級開きの３日間はとても大事だと言われます。私の場合、とにかくほめました。初日は、始業式での態度をほめました。学年も上がり、頑張ろうとしている子どもたちでしたので、ほめるところはたくさんありました。

・静かに聞けていました。
・礼ができていました。
・まっすぐ並んでいました。
・座っているときの背筋がきれいでした。

など、まず、学級全体をほめました。次に、

・○○さんは目を見て話を聞いていました。
・○○くんの立ち姿が美しかったです。
・○○さんの「気をつけ」の時の指先がきれいでした。

など、個人をほめました。本当に細かくほめました。

　私自身、これまでとは違った見方で、子どもたちを見ていました。これまでの私でしたら、悪いところに目が向きがちでした。しかし、今年の私は美点凝視をして、よいところに目を向け、そこをほめるということを意識しました。

　叱られることが多かった子どもたちにとっては、初日からこんなにほめられ、驚いた様子であると同時に、とても嬉しそうな表情でした。

　ほめる私も気持ちのよい１学期の始まりとなりました。

★きっかけは…
「拍手は、強く、細かく、元気よく」

　この言葉を指導する時でした。子どもたちに、４月当初に話した「拍手の意味」について忘れないように意識してほしいと思い、黒板の５分の１に「拍手」と書きました。その日一日、子どもたちも私も拍手を意識して行うようにしました。

　忘れていても、黒板を見れば書いてあるので、一日中視覚に入り、温かい拍手、自然な拍手ができるようになりました。子どもたちからは、どんな時に拍手をしたらよいかが自然と出てきました。その日の成長ノートには「拍手」をテーマとして子どもたちに感想を書かせ、より意識させていくようにしました。

★困った時の「価値語100ハンドブック」
　スタートして間もない頃は、かしこまった言葉を書かなければと考えてしまい、正直なところ、なかなか書けませんでした。そこで、「価値語100ハンドブック」（中村堂）を参考にして、子どもたちに合った価値語を見つけ黒板の５分の１に書いていました。まずは、まねるところからスタートした取り組みでした。

★他の取り組みと関連して
　１学期から、成長ノートやほめ言葉のシャワー、価値写真にも取り組んでいたことで、黒板の５分の１の取り組みがより意識されるようになりました。
　私が黒板の５分の１に書いた言葉を、成長ノートや日記などに書いてくる子どもが現れてきました。しっかり子どもたちに浸透していると実感できた瞬間でした。
　また、同じ「黒板」を使った取り組みの一つとして、価値ある行動を写真に撮り、そこに価値語を付け「価値写真」として、黒板に掲示しました。そして、その日に意識させたい行動を、黒板の５分の１に書き、写真と関連させてイメージしやすくしました。子どもたちの中には、「価値写真」を見ることで、自分たちの成長や友達の素晴らしいところを認め、友達に対して優しく接する人が増えてきました。

　カメラを向けただけで、価値ある行動をしようとするくらい、学級の中に浸透してきました。このように、黒板を使ってプラスの行動や言葉を可視化することで、子どもたちは意識してその行動を行おうとするようになった１学期でした。

2学期

★低学年の頃をよぎった2学期スタート

運動会、南の子発表会…。盛りだくさんの行事に、子どもたちのテンションは高く、準備に追われ、教師は余裕がなくなり、学級の雰囲気が少し低学年の頃に戻りつつあると感じた2学期のスタートでした。

そんな時に、いつも自分の心に言い聞かせるのが「美点凝視」でした。そして、指導したい部分を敢えて黒板の5分の1に書き、直接的な指導を避け、間接的に指導するように心がけた9月でした。そうすることで、子どもたちとの距離を保ちながら、できるだけぶつかり合うことを避け、ほめるところを見つける努力をしました。

この時期は、成長ノートも書かせる時間がないほどの忙しさで、子どもたちとのつながりや指導は、黒板の5分の1のみとなっていました。それでも、言葉を介して行事を終えるたびに成長していった子どもたちでした。

★集団を意識させて

菊池先生のお話の中に、1学期は「個」、2学期は「集団」を育てるとあるように、2学期は集団で取り組むことが多い学期でした。2学期の目標は、「一人も見捨てない学級にする！〜価値語をふやそう〜」と子どもたちの話し合いから決まり、学級全体としても「集団」を意識することができるようになってきました。それに伴って、子どもたちの行動や様子から、価値語となるような言葉がたくさん生まれてきました。それを、できるだけ黒板の5分の1に書いて、意識させるようにしました。

★価値語の浸透

社会科見学に向けて取り組んでいる時には、「公の言葉で話そう」とい

う価値語を書きました。道徳の時間と兼ねて「公」というものを意識させ、丁寧な言葉遣いをしている児童を例に挙げ、言葉の美しさと相手に対する敬意や印象について話しました。また、一人の言動が「集団」を良くも悪くも見せるという話もしました。

　集団を意識し始めた子どもたちは、しっかり公の言葉を使って話すことができ、マナーも良く、楽しく学べた社会科見学となりました。そして、子どもたちのお気に入りになったのが「メモ力」です。見学中によくメモをしていたことをほめたことで、黒板の5分の1に「メモ力」と書くと、普段の教科学習でも意識してメモを書くようになってきました。

★相手を意識するからぶつかり合う

　もともとトラブルの要素をもっていた子どもたちでしたが、集団として相手を意識し始めたからこそ起こるぶつかり合いも見られるようになってきました。

　みんなで行事に向けて取り組んでいる時に、できていない友達に対して言った言葉からぶつかり合いが起こりました。子どもたちに、その場の状況を話し、どちらがいいか考えてもらいました。
①「○○くん、ちゃんとやって！」
②「○○くん、もう少しやき、がんばって！」
　当然の如く、全員一致で「②」と答えると思っていましたが、数名の子どもから「①」という答えが返ってきました。理由は一つ「ちゃんとやってくれんかったら、腹立つもん」でした。「言われた方の気持ちはどう？」と聞いても「ちゃんとやらんのがいかん。それに、ぼくは言われても大丈夫」と答えたA君でした。相手軸、他己中、いろいろな価値語を植林してきたはずなのに、話してももう無理だ…と思い、黒板の5分の1に『言葉の変かん』と書きました。私は、無理にその場で、「①」はダメだと言うのをやめました。「②」の言い方に変換してくれる人が増えていくといいなと話してその場を終わりました。

　それから後、給食配膳の時にも、同じような状況がありました。周り

の子どもたちも一瞬止まり、どうするかなと見守っていたところ、先程「①」と答えていたA君が、優しい言葉に言い換えて、もう一度言い直して相手に伝えていました。そして、私の方を見て、「言葉の変換したよ」という笑顔の表情を見せてくれました。あの時、無理にぶつかり合って「②じゃないとダメだ」と言わなくてよかったと思いました。A君も本当は分かってくれていたと周りの子たちも感じたと同時に学級の雰囲気が温かくなった出来事でした。

★ほめ言葉のシャワー（以下、「ほめほめシャワー」とする）に価値語

　２学期も後半に入り、帰りの会で行っている「ほめほめシャワー」をレベルアップさせるために、価値語を入れて相手をほめることにしました。黒板の５分の１に書いてきた言葉は、価値語貯金として、黒板の横のスペースに貯めていきました。そうすることで、２学期の目標である「価値語を増やそう」というめあてを視覚化でき、増えていく喜びと同時に、いつでも価値語が見られるようにしました。子どもたちの中には、黒板の５分の１に書いてきた言葉を使ってほめる子どもも出てきました。子どもたちの観察力も少しずつ磨かれてきました。

　この取り組みを行うことで私自身の語彙も少しずつ増え始め、子どもたちの価値ある行動や言葉も増えてきました。

　３学期

★意欲を持たせた言葉

　冬休みを終えた子どもたちを迎えたのが、県版学力テストでした。始業式の翌日に行われるこのテストは、県内の４、５年生が受けるテストです。ここでも、子どもたちの意欲をかき立てたのが、黒板の５分の１に書かれた「えんぴつカリカリ」（鉛筆の音だけがカリカリ聞こえるくら

い集中して取り組む）という言葉でした。2学期にできた言葉でしたが、テストの当日の朝の目標宣言で、この言葉を発表した子どもがいました。それを取り上げ、黒板の5分の1に書きました。学級全体に意識させることで、テストの時間は今までにないほど、学級全体が集中して取り組めました。

★総合的な学習の時間にも最適

　黒板の5分の1を毎日リセットして書く方法もあるかと思いますが、私は、必要なものは、消さずに残してきました。たくさん並ぶと焦点化できないのではないかと思われるかもしれませんが、その時いちばん目立たせたい言葉は、色を変えて書いたり、前回書いていたものに色をつけて丸で囲んだりします。

　私自身、忘れっぽい人間ですし、書いておくことで、そうだった！と気づくことができます。子どもたちも同じなのではないでしょうか。

　特に、数時間かけて行う総合学習などでは、前回話したことを思い出すためにも、黒板の5分の1を通して思い出せることがあります。「1分をムダにしない」という言葉は、「二分の一成人式」に取り組む子どもたちにとって、計画から練習までを通してとても大事な言葉となりました。限られた時間の中で作り上げていく「二分の一成人式」でしたが、子どもたちは、4年生としての最後の成長を見せられるチャンスでもあり、いろいろ企画していきました。そこでは、白熱した話し合いも見られ、「1分もムダにしない」という気持ちも表れていました。子どもたちが、自分たちで変わろうとしている姿が見られた3学期でした。

4 ▶ 子どもたちの成長の事実

◇飾らずに書く

　年度当初の私は、授業を進めることに必死で、黒板の5分の1にまで書きこむ余裕がありませんでした。また、5分の1に書くことは、素敵な言葉でなければいけない、子どもたちにぴったりくる言葉は何か…と

いうことを考えていると、初めはなかなか書けませんでした。

　このように、当初は取り組みにくいと思っていた私でしたが、少しの気持ちの変換で「今、させたいことを、飾らずに書く」と決めて書き始めました。焦点化された言葉が、その時間のめあてとなり、より明確に意識され、行動につながるようになりました。目の前の子どもたちが変わっていくのを見ると、黒板の5分の1に書く言葉も、こんなふうになってもらいたい、こうするとこの時間がよくなる…と、自然と出てくるようになりました。

◇**言葉で育った子どもたちのもつ「本当の力」**

　黒板の5分の1を年間通して指導してきたことで、子どもたちには、価値ある行動が増え、価値ある言葉も植林できたと思います。それが、行動として表れ、周りへの気遣いであったり、いろいろな場面に臨機応変に対応できたりする子どもたちになってきました。中には、もう少し努力が必要な子もいます。しかし、集団として、できない部分をサポートしたり、してもらったりという関係の中で、感謝の心が生まれ、お互いを思いやる行動が見られるようになってきました。低学年の頃に聞かれたようなトラブルや授業態度がなくなってきたことで、学習にも集中して取り組むことができ、相乗効果として、「本当の力」が出せるように成長してきたと感じています。

第2章 「成長の授業」を生む11の視点

④ 少人数による話し合い 立ち歩いてよい

古舘良純（菊池道場千葉支部）

1 ダイナミックな学びをつくる立ち歩き

「立ち歩いてよい」というキーワードは、「白い黒板」「ほめ言葉のシャワー」「係活動」「対話・話し合いのある授業」など、菊池実践において土台となる言葉であり、必要な条件ではないでしょうか。

また、「立ち歩く」という自由度の高さは、「考え続ける人間（アクティブ・ラーナー）を生み出す」ことにつながると考えられます。「立ち歩く」という行為は、良い意味で「座席」にとらわれない学習スタイルであり、そこから生じる「少人数の話し合い」が、ダイナミックになる可能性を秘めているからです。つまり、子どもたちの中に、知識重視の授業だけでは難しかったであろう、ものの見方や考え方が生じるのです。

菊池道場機関誌、『白熱する教室 第6号〜対話・話し合いのある授業をつくろう〜』（中村堂）の中でも紹介されているように、「『対話・話し合い』のある授業」の条件として、「教師が視界から消える」「黒板を開放する」「少人数の話し合いを繰り返す」ということがあります。年間1,000時間の授業の中で、子どもたちを「立ち歩かせ」「話し合わせる」ということは、菊池実践において重要なポイントです。

「立ち歩いてよい」という考え方は、従来の一斉指導型授業の立場から見ると、違和感のある考え方かもしれません。しかし、菊池実践においては、45分間座席に着いて行われる学習スタイルと対比されるように、「立ち歩いてよい」という考え方が「観」として存在しているのです。

「立ち歩いてよい」ことを知った子どもたちは、その価値が分かるようになるにつれ、少人数のグループをつくるようになります。そして、思い思いに話し合っていくようになるのです。「立ち歩いてよい」。これは、菊池実践を行う上で教師がもつべき重要な「観」の一つです。

2 取り組む覚悟とゴールイメージ・一年間の見通し

　4月、「自由に歩いて構いません。友だちと話し合いましょう」と教師が指示を出します。子どもたちは少し戸惑いながら周りの様子を伺います。やっと動き始め、少人数のグループが所々にできます。しかし、「群れ化」している場面が気になります。いつものメンバーで集まり、関係ない話をしているというような場面です。たちまち、話し合いをやめさせ、「関係ない話はしません」「きちんと話し合います」と注意します。

　これは、3月のゴールイメージと、そこに向かう覚悟をもち合わせていない場合（年間を見通して子どもたちを育てていくという意識がない場合）です。私たち教師は、子どもたちが3月の時点でどのように「立ち歩き、どのように話しあっているか」を明確な目標としてもっているべきです。ですから、4月の段階で成果を求めすぎていては、到底「立ち歩かせる」ことはできないでしょう。

　では、どのように覚悟をもつべきか。私は、「責任は全て教師にあると思えるか」だと考えています。**「動きが硬くて遅い」「立ち歩きの際にグループが群れ化する」**。それら全てを、教師の責任だと自分自身に求めることができるかということです。ですから、多くの先生方が「立ち歩いてよい」と踏み切れないのは、話し合えない責任を子どもたちに求めてしまっているからかもしれません。

「対話を楽しむ立ち歩きになる」「人と意見とを区別する話し合いになる」「お互いのよさを引き出す話し合いになる」。そういった姿をゴール像として思い描き続ける覚悟が必要なのです。そして、**「ぎこちない話し合いも美点凝視で価値付けし続ける」「少しずつ人と意見を区別させていく」「個人内対話に移行させていく」**という一年間の見通しをもった視点で実践しなければならないのです。

「意見が違う人と対話することを厭わず、そういう対話を楽しめる人」。そんな人に成長することを願い、「立ち歩いてよい」ことを伝えるのです。

■１年間を見通した「少人数の話し合い」の実践
（１）１学期…対話の「楽しさ」を感じさせるための実践ポイント

> ①「立ち歩いてよい」であり、「必ず立ち歩かなくてはならない」ではない（無理に立ち歩かせることはしない）。
> ②少人数の対話を繰り返す際、群れ化している場面でも多少は黙認するようにする（少人数のグループができればよい）。
> ③立ち歩いて学んだことの振り返りをさせる。同時に、教師からの意味付け、価値付けも行う（記述やインタビューで引き出す）。

①お散歩タイム

　４月当初、「相談しましょう」や「立ち歩いて話し合いましょう」というように促しても、子どもたちはなかなか座席から離れません。

　それは、学級に対しての安心感がまだ低いことや、コミュニケーションスキルの乏しさがあること、これまで自由に「立ち歩く」という経験が少なかったことが考えられます。

　本学級では、「立ち歩いてよい」ということを「お散歩タイム」と呼んでいます。そして、「散歩したら新しい発見がある」「気分がよくなる」など、散歩することのよい面に目を向け、「立ち歩く」ことに対してプラスの意味付け価値付けをします。この際、人間関係がまだ不安定なうちに、強制的に立ち歩かせるのではなく、立ち歩いても「よい」ということを強調し、選択させます。そして、少人数の話し合いを繰り返せるような、自由度の高い場を設定します。

　立ち歩いて話し合うことの価値が浸透してくると、徐々に座席を離れて話し合う子が増えます。教師はそのような場面を取り上げ、「立ち歩いてもよい空気」をつくります。

②多少の群れ化は黙認する

　「お散歩タイム」が定着するようになると、話し合いに勢いが出てきます。子どもたちの動きがダイナミックになり、学習内容を理解しようと白熱する子が出てくるからです。しかし同時に、休み時間の関係性をそのまま引きずったような、少人数の「群れ」も表出するようになってきます。「みんなが立ち歩いているから何となく…」とか、「とりあえず集まったが、話題がそれて…」というような集まりです。

　こうした時に、教師が段階を追って指導する視点をもっていたり、成長を緩やかに加速させていくような年間の見通しがなかったりすると、子どもたちを「怒り」、立ち歩かせることをやめさせるでしょう。

　しかし、見方を変えてみると、「安心感のある中で話し合いがしたい」というメッセージとして受け取ることができます。さらに、教師の指示や話し合いのポイントが焦点化できていないために、話題がそれるのだと考えることもできます。ですから、この時期はある程度のマイナス面（群れ化）は黙認しつつ、美点凝視でプラスの価値付けをし続けます。

③「立ち歩いてよい」ことの意味や価値を共有する

　教師は、立ち歩き・話し合いが活発化しても群れ化しても、その現象に向き合い、子どもたちにその価値をフィードバックします。同じように子どもたちにも振り返らせます。

　授業のラスト5分を振り返りの時間に使いました。1学期は特に大切にします。**「誰と話し合ったか（活動）」「どんな気持ちになったか（関係性）」「今日わかったことは何か（知識・理解面）」**というような視点で書かせます。その中でも、特に「楽しかった」「嬉しかった」というような感想に焦点を当て、「なぜ楽しいと感じたのか」「どんなことが嬉しかったのか」を深読みし、価値の拡大をします。子どもたちは、話し合うことの楽しさを感じなければ、立ち歩こうとも、話し合おうともしないのです。

（2）2学期…個と集団とをつなぐための実践ポイント

①意見をもたせて立ち歩かせる。教師は、個々の立場や考えをマグネット等で把握する（「人と意見を区別する」ようにさせる）。
②少人数の話し合いの活発化と同時に、集団としての土台づくりも行っていく（『授業観』試案A⇔Cの相互作用イメージ）。
③自由度の高い話し合いは、成長の加速において二極化をうみやすいが、その中で集団をつくり、個を育てる（一人も見捨てない）。

①意見で集まるようにさせる

「人と意見を区別する」という価値語があるように、立ち歩いて話し合う際には「意見で集まる」ことを前提としていきます。普段から仲の良い友達で集まるというわけではなく、同じ意見か、反対の意見かなどを明確にして集まるようにさせていきます。

　そのために、黒板の開放の一環として名前マグネットを貼らせて立場を明確化しました。さらに、教師が助言する中で、休み時間とは違う人間関係での話し合いが成立するようにさせました。

②自由度が高いからこそ、土台づくりをしっかりと行う

　意見で集まるようにさせ、自由度の高い中で話し合いを繰り返し行わせると、話し合いが白熱するようになります。すると、喧嘩っぽくなったり、双方向のコミュニケーションが取れなくなったりする場面がでてきます。まだ子どもたちの話し合いは発展途上だからです。

　ここで、『授業観』試案の右上にある串団子（22ページ参照）のような図を見てみます。これは、対話・話し合い（Aの柱）と、土台づくり（Cの柱）は双方向的に作用し合うということです。つまり、話し合わせ

る中で、子どもたちの人間関係形成を常に意識するということです。

ですから、2学期もコミュニケーションゲームを定期的に行います。反論する力を育てるようなゲームや、理由や根拠を示すゲームです。さらに、相手の立場に立つことや意見を尊重することなどの態度面も考えさせます。(『コミュニケーションゲーム62』(中村堂)参照)そして、繰り返し立ち歩かせ、話し合わせていくのです。

この視点は、話し合いの自由度が高くなればなるほど大切です。加えて、高度な話し合いをさせるためには教師の指導力も必要になります。話し合いを繰り返す中で、子どもたちが成長を加速させていくからです。

Bの柱である「教師の指導力量」については、80ページからの野口泰紀先生のディベートのご実践等を参考にしてください。

③少人数(集団)の話し合いの中で個を育てる

自由に立ち歩いてよい(自由度の高い話し合い)中では、子どもたちの成長スピードに差が出ます。つまり、人間関係づくりや学習内容の知識・理解面においても二極化が心配されるのではないかということです。

しかし、子どもたちの中に「一人も見捨てない」という意識があれば、少人数グループの中で全員で成長しようとします。少人数の集まりに「チームの意識」をもたせ、その中で一人ひとりの個を育てていくのです。

2学期は、学級集団としての高まりを目指す時期です。だからこそ、少人数の話し合いの中にチームの意識を育て、その中で個を高めていくのです。教師は、**「Aさんが成長したのは、温かい集団があったからだね」「Bさんのおかげでがさんは頑張れたね」「このグループのやりとりは新しい何かが生まれそうだなあ」**というように、集団としての価値付けをし、個と集団とをつなぐように声かけをしていきます。

（3）3学期…「個人で白熱」させるための実践ポイント

①立ち歩いてよい時間を保障し（座っていてもよい）、個々のタイミングで立ち歩かせる（自分の学び方の意識）。
②少人数の話し合いの輪から外れることもよしとする（自問自答させる）。また、個人で考える時間も確保する。
③解の多様性を考えさせ、物事を多面的に見るようにさせる。また、様々な立場で意見が言えるようにさせる（自立した学び手）。

①「座っていてもよい」という選択肢ももたせる

「立ち歩いてよい」という選択肢は、裏を返せば「立ち歩かなくてもよい」と考えることもできます。この場合は1学期と違い、学びを個に返すための「立ち歩かなくてもよい」という選択肢だと子どもたちに伝えていきます。

3学期にもなると、子どもたちの意識は、知識重視から変容重視に変化してきています（もちろん知識・理解も大切）。ですから、子どもたちには、「自分の中で納得解を目指す時間」と「話し合いの中で考えを掘り下げる時間」を使い分けるように話し、判断・選択させて学習に取り組ませるようにします。

②個人で考える時間も大切にする

この時期は、主張の根拠や事実が強くなり、個々が意見の強さをもつようになります。そのため、話し合いの白熱度合いが高くなります。同時に、少人数の話し合いや、学級全体としての話し合いで納得解にたどりつくことが難しくなってきます。

そのような場合、「個人で考える時間」を大切にさせるようにします。

話し合いの輪からあえて離れ、自問自答させていくのです。45分の授業の中では、中盤に自問自答タイムを取り入れます。単元の中でも、学びを個に返していくようにします。そして教師は、自分が納得するまで考え続ける姿を価値付けし、教室にその価値を広げていくのです。

そうすると、授業の枠を超えた学び手が出てきます。授業の間の休み時間や家庭学習等で学びを拡大させていくような子です。教師は、すかさずインタビューで内側の変容に迫ります。また、成長ノートに書かせ、個の学びと成長とをリンクさせていきます。

3学期は、少人数の話し合いを通して個の中で白熱させるようにしました。2学期までの集団としての話し合いを大切にしつつ、学びを個に返すのです。教師は、子どもたちの、「解だけを求めない学び続ける姿」を価値付けするのです。

③物事を多面的に考え続ける

価値論題をテーマにしたディベートでは、納得解ゆえの白熱が見られます。解の多様性が認められているからです。

2月、「**ほめ言葉のシャワーと質問タイムでは、どちらが成長を促すか**」というディベートの後、話し合いによる納得解を目指す時間をとりました。「**限りなくディベートに近い話し合い**」を目指しました。

その中で、あえて立場を変えて話し合わせることを繰り返し行いました。そして成長ノートに向かわせ、多面的に考えさせました。子どもたちは、「**立場を変えたら考えが揺れて困った…**」「**逆の立場でもきっちり意見を言えてしまった…**」など、苦笑いしながらも成長を促す根拠やエピソードを真剣に考え続けていました。つまり、正解・不正解にこだわらず、自分なりの納得解を大切にしていたのです。

■成長の事実

（１）子どもたちの言葉から

「立ち歩いてよい」という環境の中で一年間過ごしてきた子どもたちは、自分の考えをもち、お互いの意見を尊重し合いながら話し合うようになりました。違いを認め、自分らしさを発揮できる人間に成長したのです。

「立ち歩いてよい」ということに関して話を聞いてみると、

> ・自然に意見が違う人のところに立って行くようになりました。立ち歩くことというのは、意見で集まれる『集団化』へのきっかけです。
> ・お散歩タイム（立ち歩いて話し合うこと）は、意見を言えなかった前の私から『自立』させてくれました。

というように、人と意見を区別することの大切さを学び、立ち歩くことを成長のチャンスだと捉えるようになっています。そして、自立した学び手として育っていることも分かります。

対話することや話し合うことについて子どもたちに聞いてみると、

> ・最初は、どうやって話し合えばいいか分からなかった。でも今は話したことのない人とも話せるようになって。友達の輪が広がりました。
> ・意見が違っても、みんなニコニコしている。話し合いをすると、そのことについてもっと深く知りたいという好奇心が生まれ続けます。

というように、豊かな人間関係の中でこそ成長を促す話し合いが生まれるということや、話し合いをきっかけとして考え続ける姿勢（もっと深く知りたい）をもち続けていることが分かります。

考え続ける人間（アクティブ・ラーナー）は、話し合いたいと思う学び手の心があってこそ育ちます。さらに、子どもを信じ抜く教師の覚悟がもたらす「立ち歩いてよい」という環境があるからこそ成長したのです。

（2）教師自身の授業観を変える

　年間を見通して立ち歩かせ、話し合わせることは、「授業観」試案図における目的（考え続ける人間・豊かで確かな対話力・Win-Win-Win・問題解決力）を目指しながら子どもたちを関わらせていくということです。そのために、やはり「立ち歩いてよい」という考え方は必要です。
「立ち歩いてよい」という指示は、1学期の実践ページでも書いたように、学習規律面での不安要素を含んでいます。だからこそ教師は、一歩引いた状態から子どもたちを眺め、観察し、焦らず、確実に指導を加えていきます。それは、子どもたち同士の人間関係づくり（土台づくり）であり、対話における「話す・聞く」の基本的な言語技術などです。同時に、話し合いから生まれたプラスの面を子どもたちにフィードバック（価値付け）し、少しずつダイナミックな話し合いに発展させました。
　子どもたちは、立ち歩く中でたくさんの対話・話し合いを経験してきました。また、「ほめ言葉のシャワー」や「成長ノート」「ディベート」など、他の実践も積み重ねる中で、土台をつくりあげました。その中で、「先が見えなくても自分たちでつくりだす楽しさ」や「相手の意見を聞いて前へ進む喜び」を見出してきたのです。
　ある子が、**「私たちの話し合いは『ミニディベート』のようだ」**と言ってくれました。それは、人と意見を区別して話し合う事実、新しいものを生み出そうとする話し合いの事実が込められた一言だと信じています。「限りなくディベートに近い話し合い」だったのではないかと考えます。
　1年間を見通した指導は難しいものです。自由度の高い話し合いの中で成長を待つということは、孤独に耐えなければならないからです。単純に、「立ち歩かせたら子どもたちが生き生きと活動する」とか、「話し合わせたら素晴らしい納得解にたどりつく」ということではないのです。
　それでも、子どもたちの成長を信じ、実践を積み重ねます。4月の覚悟で、ゴールを目指します。そこには、「立ち歩いてよい」という「観」が必要です。教師が立ち歩かせることを躊躇していては、豊かな話し合いには発展せず、考え続ける人間に成長させることはできないのです。

第2章 「成長の授業」を生む11の視点

⑤ 白い黒板 黒板を子どもに開放する

中村啓太（菊池道場栃木支部）

1 学びの主体者である子どもたちに黒板を開放する「白い黒板」

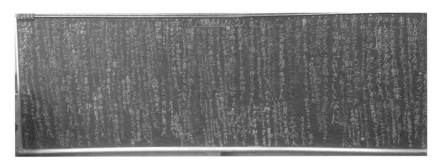

　この写真は、「白い黒板」と呼ばれる実践です。学習や行事の振り返りやまとめをするときに取り組みます。中央に書かれたテーマについて子どもたち全員で意見を黒板に書いていき、黒板が白く見えるほど、文字で埋め尽くされていきます。

　4月に受け持ったのは、学年崩壊した6年生26名でした。教室にいたのは、「こんなのできない…」とか「なんで俺ばっかり…」と周りと比べて、自分を責めたり、諦めたりする子どもたちでした。きっとそこには、とても根深い教師と子どもの「教える・教えられる」という主体性も自由度もない授業観や指導観。子ども同士の「できる・できない」という固定化した関係性のもとで築かれた希薄な人間関係が影響していたのでしょう。こういった、縦糸（教師と子どものつながり）と横糸（友達とのつながり）の中で、子ども一人ひとりが教室の中で成長していけるのでしょうか。菊池先生は、黒板を「学びの主体者である子どもたち」に開放することを提唱しています。黒板を開放することで、自由度の高いダイナミックな学ぶ空気を創ることが可能になります。白い黒板は、

教師自身の授業観や教育観が大きく反映される実践なのです。

2 ▶ 覚悟・1年間の見通し

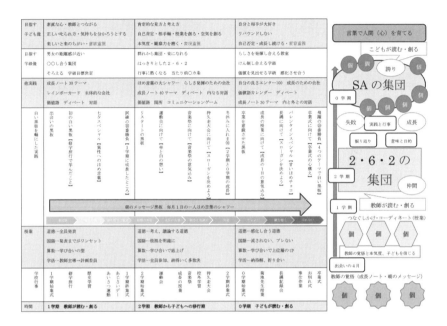

　教師の観が形となる「白い黒板」を中心に、グラウンドデザインを作成し、1年間のゴールイメージをもちます。授業や行事、実践とのつながりを意識して、教育効果を最大限に引き出せるように考えています。また、白い黒板自体が単発の思い出づくりという一面で終わることのないように、ねらいを複数もつことも大切です。「成長の授業」は、様々な実践が複合的に絡み合っています。何か一つが欠けてはいけないということではなく、取り組もうとしている実践をつなぐという、教師の意識とコーディネート力が重要です。だからこそ、白い黒板を行う時期やタイミング、テーマ、目的を常に考えながら、教室の実態をしっかりと捉えて、指導の修正改善を行うことが必要となります。

　また、白い黒板には、「内なる白熱」や「成功体験」、「自分らしさの発揮」といった個の成長を支えるものと、「友達との対話」「感化」といっ

た集団の成長を支えるものがバランスよく含まれています。そして、その両面が絡み合いながら、お互いに相乗効果を生み出すものです。だからこそ、「白い黒板」は成長の授業を生む、実践の1つなのでしょう。

3 実践（H28年　6年の1学期、2学期、3学期）

【1学期の実践】

> 1学期、「白い黒板は楽しい」や「完成した喜び」を体感させることを大切にしています。⇒意欲重視
> 〔手順〕
> ①テーマに対しての考えをノートなどに書かせる。
> ②黒板に自分の意見を書く。
> ③完成した「白い黒板」を見て、思ったことや考えたことなどの視点を与え、ノートに書かせる。
> ④ノートを集め、先生がコメントを書く。

○初めての白い黒板（修学旅行で学んだこと）

「白い黒板をやります。みんなの意見や考えで真っ黒な黒板を真っ白な字で埋め尽くします」と話をして行いました。もちろん、事前に成長ノートで、修学旅行の振り返りを行い、それをもとに白い黒板に挑ませました。初めての体験のため、成功体験や達成感を味わわせることを心がけました。そのため、「**質よりも量**」にこだわり、「**全員で埋め尽くす**」というめあてで取り組みました。私の学級は26人ですが、メインの黒板と背面黒板の2枚を埋め尽くすことができました。これは単に、量へ

のこだわりだけではなく、修学旅行に行くまでのグループ決めや修学旅行中の様々なトラブルやドラマがあったからこそ、できたのだと思います。白い黒板で味わうことのできる、達成感を支えているのは、実は、そのテーマについてどれだけ自分事として関わり、乗り越え、考えてきたかが重要なのです。教師も子どもも本気で生活しているからなのです。

○七夕スペシャルの白い黒板（ほめ言葉のシャワーにつなぐ布石）

　菊池実践には、魅力的な実践がたくさんあります。それぞれによさがあり、どれも目的や教師の覚悟が必要です。だからこそ、私は「ほめ言葉のシャワー」や「ディベート」などのきっかけやスタートを大切にしています。「つなぐ」という意識です。授業一つとっても、１時間の流れは重要です。できるだけ、スムーズに違和感なく、むしろ心地良く一つひとつをつないでいくことを大切にしています。

　この日は７月７日七夕でした。価値語カレンダーにも「観察力をみがこう」と示されています。この日、朝の時間を使って、異性に対して「ほめ言葉」のプレゼントをしようというテーマで白い黒板を行いました。「ほめ言葉」という言葉を初めて知り、友達からプラスの言葉をもらうことや肯定的に見られることへの喜び。そして、友達にほめ言葉を贈ることの喜びを味わい、とても温かい気持ちになりました。

嬉しそうに、自分への言葉を眺めている表情が印象的でした。

そこで、「こういった気持ちを毎日味わうこともできるんじゃないかな」と投げかけ、中村学級流「ほめ言葉のシャワー」がスタートしました。「ほめ言葉のシャワー」にスムーズに入れたのも、やはり「成功体験」や「楽しさ」といった、プラスの感情です。タイミングだけではなく、あらゆるものと「つなぐ」ことで、実践の可能性を高めていくのです。

【2学期の実践】

> 2学期、白い黒板で新たな価値観や教室の文化を創ることや授業の中で、黒板を開放していくことを意識しています。⇒表現重視

○授業の中で黒板の開放

子どもが黒板は「第2のノート」と表現しています。授業における、ノートは、自分の意見を書いたり、友達や先生から聞いたことをメモしたりしながら、思考の足跡を残していくためのものです。黒板を開放することで、授業における自由度をもたせることができ、以下のような学習効果を引き出すことができます。

> ・意見を共有することができる。　・全員参加の授業となる。
> ・教師と子どもで共に創る授業となる。
> ・対話のあふれる授業となる。　・根拠のある意見をもてる。
> ・いい意味で競い合うことができる。

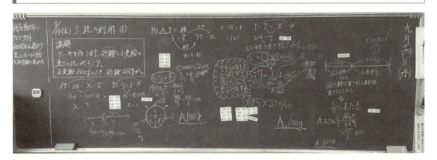

こういった、学習効果を引き出すことで、一斉指導型の「教え込みの授業」や「子どもを置き去りにした授業」といった授業観から、子どもがアクティブに学ぶ、ダイナミックで自由度の高い授業へと変わっていきます。黒板を開放し、第2のノートを中心に自由な対話のある授業こ

そが、成長の授業を支えているのです。

○持久走大会に向けた白い黒板（スローガンを生み出す）

　2学期になると、白い黒板が成長を実感するものから、「成長するためになくてはならないもの」という意識が高まってきます。1学期の達成感を味わうものから、新しい価値観や言葉を生み出すものへと表現力重視へと変容していきます。高い価値観や深い考えを黒板に表現しようという、量から質へのシフトをし、教室の中の文化を子どもが主体的に創り始めます。個がつながり合い、集団の意識が強まる2学期、まさに集団の中で個が育つという、プラスの空気が教室に漂い始めます。

　そこで、持久走大会に向けた心構えをテーマに白い黒板を行いました。今回のめあては、「白い黒板の活動の中で、持久走大会に向けたスローガンを作る」というものでした。黒板に書かれた言葉はこれまでの言葉と

は違い、考え抜かれた深い言葉に感じました。これまでに生まれた価値語を見返す姿や友達との対話の中で生み出す姿、頭を抱えながらも考え続ける姿が見られました。子どもの思いや気持ちのこもった言葉（気持ち言葉）が、新たな価値語として、スローガンの中の言葉としてノミネートされ

ました。白い黒板の中で、内なる白熱と外との白熱を味わい、生み出したスローガンは、集団意識を高めるだけ

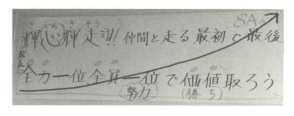

ではなく、決める過程の中で子どもたちは成長を相当実感していました。

【3学期の実践】

> 3学期、白い黒板と座談会をワンセットにすることで、対話を促していきます。本音を打ち明け合うことで、教室の中で心を開放し、自己開示できるようにしていきます。⇒変容重視

○「一人も見捨てない」「教室は家族」の白い黒板

　1月16日（月）の白い黒板です。前の週の木曜日に菊池先生がクラスに来てくださり、「成長の授業」（夢の授業）をしてくださいました。150人の大人の前で、最高の非日常で成長曲線が加速するはずでした。しかし、翌日の金曜日は、私の出張の日でした。補教に入った先生方を困らせたようです。木曜のプラスな出来事と金曜のマイナスな出来事を対比させるように月曜日に話をしました。「周りに流されてしまう弱さ」と「自分はちゃんとやっているから大丈夫」という気持ちと向き合うために、本当の意味で「一人も見捨てない」と「教室は家族」とは何かを考えさせました。言葉の本質を考える時間を経験し、子どもは自分たちを客観的に見たり、俯瞰して学級における自分を見たりするようになりました。また、「誰かのためを思う行動はその人をダメにしてしまうの

か」や「自分たちは家族のような関係になれているのか」と、自ら「問い」をもち、考えていました。この日を機に、教師と子どもが本気で「本当の〇〇」について考える日々が始まったように感じます。

○座談会とエンターキー100

授業観試案②でも「個≧全」と示されていますが、3学期は個に立ち返る時期です。「個＞全」ではなく、「個≧全」と示されている意味は相当深いものだと考えます。学級の一人ひとりの「個」を大事にした指導を行い、個が考え、成長しようとすることで、集団が大きなうねりとなって成長していくのだと捉えています。つまり、個の変容が集団の変容を生み出す学期と言えるでしょう。

個が集団を感化する3学期に、特に力を入れて取り組んだのが、座談会です。白い黒板と座談会をワンセットとして、時間を設けました。座談会の中で、リアルな本音で話し合う姿や不安に寄り添う姿、このままでいいのかと悩む姿、問いに一生懸命向き合

う姿など、自分をさらけ出す姿に成長しようという決意や覚悟が見られました。と同時に、教師の覚悟が再度試される時期だと感じました。子どもへの教育的瞬間を逃さないためにも、教師自身が考え続け、価値を見出し続けなければなりません。だからこそ、些細な一言や変化、ドラ

マに対してエンターキー100をして、教師の「観」を磨きながら、1学期のような「個に寄り添う指導」と全体を見通した、「全体を束ねていく指導」を両立させていくことが必要なのです。

4 まとめ、子どもの成長の事実

ゴールイメージに迫る　白い黒板の役割

菊池流「挑む」の引用	中村流	変容
みんなで考えることの価値に気づく	集団意識を高め、集団としての成長を実感する	自治的な学級へ
一人ひとりの考えを大切にする	友達の意見に触れることで、憧れたり、尊敬したりする	感化し合う学級へ
話し合いは1＋1＝2だけでなく、3にも4にもなる	対話を通して、新しい言葉や観を生み出す	対話あふれる授業へ
素直な心　伸びようとする子どもが育つ	素直な心　真っすぐに吸収して伸びようとする	リバウンドしない個へ
自分の考えをきちんともった子どもが育つ	全員参加を強調することで、自己有用感や存在感が生れる	自分を大好きに
ノートの活用で、教師と子どもがつながる	次を意識した実践によって、理想の学級や未来の自分につながる	成長し続ける個へ

「あなたにとって、白い黒板とはズバリ何か」と子どもたちに尋ねたところ、「観製造機」と答えた子がいました。子どもたちの観の結晶が、白い黒板や開放された黒板に表れます。黒板を通して、お互いを成長させた子どもたちは、今立派に卒業しようとしています。

○**自治的な学級へ**

　クラス全員で取り組む「白い黒板」は、全員参加という意識を子どもの中に根づかせました。また、束になって完成させることで、成功体験や今まで感じたことのないような結束を生みました。こういった体験は子どもたちの心の中に「学級への愛着」として残り、集団としての結束をより強固なものにしていきました。

○**感化し合う学級へ**

　黒板をツールとして、自分にはなかった考えに触れ、新しい価値観やものの見方を学びました。3学期の初め頃、ある女の子が成長するため

には、「自分よりもちょっと上の存在」や「自分の中にない観をもった人の存在」が必要だと、話をしていました。教師が子どもを感化させることは、当たり前に必要なことです。子ども同士が感化し合うことで、成長に向かう、さらに大きなエネルギーを生み出したのだと思います。

○**対話あふれる授業へ**

黒板が開放されたことで、自由度のあるダイナミックな学びへと変わっていきました。「対話のあふれる白熱授業」という共通意識のもと、授業を展開することができました。教師自身のもつ、授業観を変えることで、子どもの学びへの意欲が飛躍的に向上し、授業を教師と子どもが創るという「共創」の意識を高めることができました。

○**リバウンドしない個**

心を変えるには、言葉を変えることが大切です。と同時に、その言葉のもつ意味を考えたり、自分や学級を俯瞰したりしていくことで、自律することのできる強い個を育てていくことができます。共通テーマでの話し合いや座談会を経験し、子どもたちは「公社会」を意識しながら、リバウンドしない強さとたくましさをもつことができました。

○**自分を大好きに**

全員で取り組む白い黒板は、自分の存在価値や自己肯定感を高めるという面もありました。自分がクラスに所属しているという所属感。自分の意見を受け容れてもらえているという自己有用感。こういった感情によって、子どもは自信をもち、自分を大好きになっていきました。

○**成長し続ける個へ**

白い黒板には、過去・現在・未来の視点が含まれています。自分自身の変容を可視化することで成長を実感し、さらに、成長しようという意欲を強くもつようになります。成長し続ける個へと変化していったのだと感じます。男の子が話していました。

> 卒業式までに SA の自分になる。でも、SA になることがゴールではない。SA は社会のスタート。だから、ゴールをもっと上に。

成長の授業は、子どもたちの心の中で続いていくのだと感じました。

第2章 「成長の授業」を生む11の視点

⑥ ディベート 人と意見を区別する

野口泰紀（菊池道場岡山支部）

1 ▶ 人と意見を区別する「ディベート」

　ディベート学習とは、ルールのある話し合いです。

- 論題（話し合うテーマ）が決まっている
- 立場が2つ（肯定と否定、AとBなど）に分かれる
- 自分の立場とディベートをする上での立場とは無関係である
- A側立論→B側質問→B側反論→B側立論→A側質問→A側反論→判定（後に反論をそれぞれの反駁の時間に拡張する）という流れで行われる
- 立論・質問・反論できる時間は決まっている（1分など）
- 勝敗がある

　また、特別な話し合いではなく、普段の話し合い、そして学級づくりと関連しているものとして位置づけなくてはなりません。ディベートで身につけた力を普段の話し合いに活用していくことで、よりよい話し合いができるようになります。そのために、いくつかのポイントを考慮する必要があります。

- 感情的にならず、人と論を区別する。
- 相手を尊重しながら話し合うことができるようにする。

　ディベートの目的に「正＋反＝ win-win-win」があります。自分も相手も周りも成長できるということです。ディベートでは、まず「正」と「反」の視点で話し合うことを意識させます。その意見を受けて自分の意見を出し合う中で、相手のこと、全体のことを考える話し合いにしていくことが大切なのです。「そもそも相手は自分と違う」という意識をもち、対話の中で違いに気づき、そこから新たな「問い」をつくっていく姿勢はアクティブ・ラーナーの基礎であり、一人ひとりを、そのように

育てていくことに大きな意味を感じます。

2 「ディベート学習への覚悟」－どうしてディベート学習をするのか

　教材研究は進めながらも、常に教科での話し合いが上辺をすべっているという感覚をもちながら授業をしていました。話し合いがかみ合うにはどうすればいいのかを悩んでいたときに菊池実践のディベート学習に出会いました。ディベート学習では、立場を決めて、そのメリット・デメリットを話し合います。相手の意見を引用して話をするので、必ずかみ合った話になります。対話のある授業は引用から生まれると感じました。また、ディベート学習の面白さは、その準備段階にもあります。みんなが納得できるように立論をするために、根拠の精選を主体的に行います。相手の立論を予想して反論や質問を考えておくことも自分の考えに幅をもたせます。また、同じ内容で何試合もすることで、その課題のメリットの部分とデメリットの部分が客観的に捉えられます。何より、「違い」から新しいものを生むという考えが、子どもたちを人として育てる上で、効果的な学習です。

◇ディベート学習をする上での１年間の見通し

　1学期の見通し　ディベート学習成功の秘訣の１つは、事前の十分な準備です。型を使いながら、１学期は、実践・反省を繰り返します。そこで、勝ち負けの楽しさに浸らせるだけでなく、その目的や価値観を共有し、その目的を達成するためのディベートに取り組ませたいと思います。

　2学期の見通し　繰り返しディベートをする中で、どのようにすればもっと相手に納得してもらえるのか、何を根拠にすればいいのかなど課題が生まれます。その課題をクリアしながらよりよくしていくことが大切です。また、審判の高まりも必要です。何を根拠に判断できるのか、立論が高まるからこそ審判も高まるのです。

　3学期の見通し　ディベートのよさの本質に気づいた子どもたちには、

「価値論題」でディベートし、より深い話し合いを目指していきます。また、反論の場を増やし、その場での対応ができるようにしたり、一人ひとりの責任感を求めたりすることで、自然発生的なディベートの場も生まれるようにしていきます。

3 実践

[1学期] デベートをやってみる

- 議題の言葉の定義をきちんとしておく
- 議題についてのメリット・デメリットを考える
- 立論や反論の型を教えておく
 （立論では、「ラベル→事実や理由づけ」）
 （反論では、「相手の意見の引用→否定→理由→結論」
- 立論を支える事実について調査する
- 立論については、紙に書き、審判に分かりやすく伝える練習をする
- 相手の質問や反論を予想しておく

まず、菊池学級のディベートの様子を映像で見せ、ディベートのイメージを全員がもてるようにしました。その後、型を教え、やってみることで、その映像と自分たちの様子の差から自分たちの課題をつかみ、改善していくこととしました。

〔課題〕
・調べる時間は十分か？
　→休み時間、家庭での時間を使えばいい
・話し合いがかみ合わない

→相手の話を引用して話す
・審判はどうするか？
　→見る視点を決めて、根拠を明確に判断する

　４人班で、立論・質問・応答・反論と一人必ず１回は発言します。役割があるので、責任をもって立論を共通理解し、対策を練るというチームワークが必要となります。また、回数を重ねるごとに、表現力は向上していきますが、立論の根拠の妥当性について、客観的な議論が進みませんでした。そこで、審判が、根拠のどの部分に納得させられたのかを明確にすることで、立論の進め方が改善されていきました。また、この時期に休み時間や家庭での時間で調べる時間を確保している子どもたちが数名いると、それを取り上げて称揚し、その姿をモデルとすることで、クラスの新しい文化として定着させていきました。しっかり調べることができるように、課題を出してディベート大会までにできるだけ土日をはさむようにしました。

○１学期に身につけさせたい価値観

- 根拠をもって意見を述べる力 …根拠は誰もが納得できるものを選ぶ方がよいと分かる。教科で考えると、教科の特性や事実を引用して話をする（国語→言葉の解釈、生活体験／社会→歴史的事実　など）。
- 論を組み立てる力 …立論はできるだけ１つをラベリングして、掘り下げて説明する。分かりやすい資料（根拠とリンクした物）の提示も大切。
- 調べる力 …教科書だけでなく、本やインターネットなどから自分の立論の根拠となる情報を探し、取捨選択する。授業時間外の主体的な姿を称揚し、広げていく。

[2学期] 教科でのディベート実践について

　社会科の歴史の学習でディベートを行いました。それは、「主体的で、対話的な、深い学び」の実現をねらったからです。。教科書をなぞるだけでは気づけない様々な関係（つながり、時代情勢、国内の状況）をつなげて語れるように育てることを目標としました。また、対立の考えを話し合い、聞くことで新しい気づきがあることを意図しました。

≪課題一覧≫…事実論題を主とする。

徳川家康と豊臣秀吉と織田信長　誰が最強の武将か
　揺れるポイント　戦の手法　歴史的功績　政治的手腕

鎖国時、日本は外国を受け入れていたのか　いないのか
　揺れるポイント　キリスト教禁止、出島での貿易、蘭学等

伊能忠敬、本居宣長、杉田玄白　誰がいちばん偉大な学者か
　「偉大」→歴史的に功績があった　国学と蘭学　現代につながる

開国は当時の日本にとってよかったか　よくなかったか
　揺れるポイント　当時の日本の武力　アジアの情勢

日清戦争・日露戦争は当時の日本にとってよかったかよくなかったか
　揺れるポイント　戦後の発展　死者数　戦争についての認識
　　　　　　　　　当時の国際情勢と日本（アジアの国々）の位置

太平洋戦争で日本は負けてよかったか　よくなかったか
　揺れるポイント　平和で民主的な国家　死者数　原爆　GHQ

　これらの課題から、立論を立てる過程を大切にしました。特に、教科書や課題を一読しただけでは分からない「見えない事実」に仮説を立てて、調べるよう声をかけました。事実を根拠とするので、事実の解釈の違いを議論することになります。社会科のディベートでは、多角的多様的な立場から一つの事柄を見るという態度を育てたいと考えます。つまり、別の立場からみると事実は異なってくるという立体的思考が獲得できることをねらいとしているのです。

日清戦争・日露戦争は当時の日本にとってよかったかよくなかったか

≪よかった≫
※戦争に日本が勝利したという視点
当時の日本の視点が根拠
●日清戦争後の条約は日本にとって有利な条約だった。
●下関条約によって多額な賠償金をもらい日本は豊かになった。

●戦争しなければ日本が支配されていた。日本の領地が広がった。
●日露戦争で賠償金はもらえなかったけどアジアに勇気を与えた。
≪よくなかった≫
※その後の日本を危惧する視点、外国から見た日本の視点が根拠
●外国に借金をして戦争した。戦争するにはお金がものすごくかかる。
●死者が多い。
●賠償金は8割戦争のために使った。
●日露戦争後日本国内が混乱した。
●朝鮮に日本の文化を強制するなどした。

○2学期に身につけたい力
> ・ 見通しをもつ力 …相手の主張に対して反論を行うので、それを踏まえて相手の話を聞く。また、準備段階で、相手の立場を予想することも大切だ。ディベート準備段階での練習試合を通して、相手の立場を理解する中で、立論に深みが増すよう心がける。

　ディベート大会後、「このディベートを通して何が分かったか」を思考することで、子どもたちは歴史的事実には、様々な立場から解釈できることに気づけました。また、歴史的事実に自分の解釈を入れることで主体的に日本の歴史に対面している子が増えたように感じました。

|3学期| ディベート大会の実際…価値論題に挑む

　3学期には、「ディベートで学んだ大切なことは何か」という題で振り返りを行いました。その中で出たものを分類整理し、ディベートのテーマを決め、価値論題について行うことにしました。

①自己開示②自分で力を発揮する力③言い争いでなく意見の主張④ラベリング⑤人の意見を受け入れる⑥身振り手振り⑦頭を寄せ合う⑧人と意見を区別する⑨班の人との協力⑩人にすべてを任せない⑪男女関係なく協力⑫役割に責任をもつ⑬恥を捨てる⑭資料を用意⑮声の大きさ⑯自分のペースで話す⑰知識とプレゼン力⑱まとめる力⑲ win-win-win ⑳自分が変わり相手も伸びる㉑進んで学ぶ㉒信頼㉓引用する㉔主張する文章力㉕発表の回数が増えた㉖いろんな人とつながる㉗相手の意見を聞く力㉘知識と団結㉙発表中も考える㉚一人で発表する力㉛話し方（ゆっくり、大きく、早く、小さく）㉜一目で分かる㉝ペースを合わせて話すこと

右が黒板から整理した項目→

|ディベートで大切なのは「A：個の力」か「B：協力」か|

〔Bの立論から反駁までの記録〕
①B立論
「僕たちは、個の力を協力することでもっと大きな力にすると考えます。確かに個人の力も大切です。協力側にも

一人ひとりの思い通りにできないというデメリットがあります。|しかし|、協力はいい点が多いです。一つ目は、助け合いができます。例えば、質疑の時に詰まってしまったら誰かが紙に書いて助けてくれます。みなさんもそういうときに助けてくれなかったら困りますよね。|だから|、協力が大切です。二つ目は成長ができるところです。○さんは、はじめディベートが苦手でしたよね。|でも|、まわりの人が助けたからこそ、今できるようになっているんですよね。
だから（時間切れ）
②質疑応答（AからBへ）
A：質疑の時に紙に書いて助けると言っていましたが、そもそもの個の力が

高まっているからこそ、助け合えると思うんですがどうですか？

B：そうですけど、「3人寄れば文殊の知恵」という諺があります。つまり、個の力が弱くても人数が多い方がいい知恵が出るので、協力は必要です。
A：確かにそうですね。けれど、得意な人がいた方がいいディベートができますよね。協力より個の力が先だと思うのですがどうですか？
B：（答えられず沈黙）そうだと思います。（時間切れ）
③A反駁
「協力も必要なんですが、その前に個の力がなければ協力もできないと思うので個の力が大切です。3人寄れば文殊の知恵という言葉をだしていますが、3人の個の力が強ければさらにいいものが出せるのだと思います。だから個の力のほうが大切です」
④B反駁
「相手チームが主張してきていましたが、私たちは個の力が必要ないとは言っていません。協力の力の方が大切だと言っています。例えば、個の力が強くても協力できなかったらバラバラになっていいディベートにならないと思います。先ほどの相手チームの立論の時に〇くんを助けましたよね。それこそ協力です。個の力が高まっていても人間は失敗しますよね。そんなときにホワイトボードに書いたりして助けてくれる方がいいと思いませんか。困ったことはみなさんありますよね。そんなときに助け合える方がいいですよね。だから、協力の方が大切です」

≪ディベートを終えて分かったこと考えたこと≫（正反合）
・苦手な人を助けることは「個の力」か「協力」か整理して考えたい。
・個の力も協力も大切なんだけど、どちらも大切でバランスがいるのだと思った。・どちらかに傾いてはダメ。・個人の力は結果ついていて、協力は人と人が寄り添うことだと思った。・win-win-winの関係に納得し、協力できないとみんなが伸びないと思う。

4 ▶ 成長の事実－子どもの姿の変容

　菊池省三先生は、ディベートで「感情的にならず、人と論を区別することと相手を尊重しながら話し合うことができるようにする」という二つの力を育てることを目的にされています。つまり、教育ディベートでは、「人と意見を区別して考える」ことと、「正反合、win-win-win（多角的に物事が見える）」の考え方を身につけさせたいのです。

　年間を見通したディベート実践により、子どもたちはディベートを楽しみにし、それに向けて主体的に学び、新たな課題を見つけ、学び続ける姿が見られるようになりました。それは、ディベート学習に勝ち負け以上の魅力があるからだと思います。松本道弘氏はディベートの目的を「真理の発見」とし、養う力を「闘論力（いかに相手を論破できるか）」だけでなく、「交渉力」「戦略的思考力」「問題解決力」「危機管理力」「創造的学習能力」「説得力」「組織的活性力」を挙げています。これらの力が少しでも身につくことで学校生活をこれまでより充実させられるのだと思います。

　いつも一緒にいる仲の良い二人の女の子が、激しく議論しています。しかし、終わったとたんに、その議論から分かった新しい考え方を和やかに話しています。このような姿が教室にあふれてきました。また、ディベートが苦手な友達にしっかり関わり、その子の成長に責任をもつ子の姿も増えました。これは、いじめや仲間外れとは対極にある空気です。気を遣って常に多数派の空気を読むのではなく、少数派の中の論を大切にし、対話の中に答えを見つける集団は、それぞれの個性を受け容れている集団と言えます。

ディベート学習を何度も経験する中で、教室内の「話し合い」は、意見を引用した絡み合う白熱したものに変わってきました。ルールのある話し合いの中で、伝え方や引用について技術を獲得し、普段の対話も変化しました。話し手は自分の意見に明確で

分かりやすい根拠をもち、その意見を一目で分かるようにラベリングします。聞き手は相手の意見を聞いてラベリングし直します。話し手と聞き手が育つので、対話の中に答えを求めようとする姿が授業で生まれるようになりました。どの教科の学習でも、課題について自分の考えをもつと、それが相手に伝わるように話すようになりました。資料を用意したり、黒板を使って図や根拠を書き込んだりしながら説明します。それについて、共感や反論が示されます。このような授業が展開されてきたのは、ディベートの積み重ねだと感じています。

　これまでは、「今年の子どもたちは表現力が弱いから違うところからアプローチするかな」と子どもの特性を見たつもりになって年間を見通していました。しかし、子どもたちは本当に限りない可能性を秘めています。それを目の当たりにしたディベー

トです。1回目は1分間全く話すことができなかった子が自信をもって話したり、大人を超える内容や話し方で話す子が現れたりする事実が子どもの可能性の無限さを示してくれました。子どもたちはダイヤモンドの原石です。磨けば磨くだけ光ります。ダイヤモンドを磨けるのはダイヤモンドだけです。教師がディベートの限界を決めず挑戦し続けるダイヤモンドであり続けることで、子どもたちは劇的な成長を見せるのだと思います。

第2章 「成長の授業」を生む11の視点

⑦ 係活動 非日常は成長のチャンス

中島宏和（菊池道場栃木支部）

1 「係」ではなく、「会社」

学級づくりを進める中で、係活動はとても重要だと言えます。

菊池省三先生の著書「挑む」（中村堂）の中に、こんな一節があります。

> 子どもたち一人ひとりが、自分の得意分野で活動できるように、係の内容については、自主性に任せていました。そこには自分らしさがあるからです。また、子どもたちを学級目標に近づかせるために、係活動を行っていたと言ってもよいと思います。

係活動を、学級目標に近づかせ、自分らしさを発揮できるようにするための、成長のチャンス、ととらえています。

そのためには、「係活動」と「当番活動」は線引きが必要である、ということが重要です。多くの小学校では、その線引きが曖昧で、「当番」的な係がすべて、という教室も珍しくないのではないでしょうか。たいていそのような係の目標は、「仕事を忘れない」となります。それでは、やらされている感満載で、「自分らしさ」を出せるはずもありません。

教室を小さな「社会」ととらえる意味でも、菊池実践を行っている多くの先生方は、「係活動」を「会社活動」と呼んでいます。人の役に立ち、人を喜ばせるミッションを明確にする、というねらいもあります。

◇どういう役割や意味合いをもつのか

係活動は、子どもたちが「自分らしさ」を発揮する一つの手段です。自分らしさの発揮の先には「学級文化」の創造が待っています。「学級文化」とは、子どもたちが自分たちで築き上げた学級内の成果の総体です。

|自分らしさの発揮|→|自信|→|安心|→|自信|→|自発的活動|→|学級文化の創造|
　　　　　　　└─（この部分は繰り返されます）─┘

2 「係活動」に取り組む、1年間の覚悟

◇「係活動」の年間指導計画

　現在、私が担任しているのは「単学級（学年1クラス）」で「5年生から持ち上がり」の6年生です。係活動への取り組みは昨年度と今年度で、少しやり方を変えています。これは、今年度は持ち上がりの学級のため、担任と子どもとの関係づくりがある程度できているため、という点と、昨年度までのやり方について自分なりに検討し、試してみたいことができたため、という点の2つが理由です。

学期		1学期（個＞全）				2学期（個＜全）				3学期（個≧全）		
月		4	5	6	7	9	10	11	12	1	2	3
主な学校行事		始業式	運動会		終業式	始業式	修学旅行（六年）	宿泊学習（五年）	終業式	始業式	菊池先生来校	六年生を送る会	卒業式（六年）	修了式（五年）
係活動計画	五年生（一年目）	学級開き	当番活動決め 学級目標設定		係活動計画	係活動開始		係活動見直し		係活動再編		活動振り返り
	六年生（二年目）	学級目標見直し 係活動開始		係活動見直し		上半期決算		係活動再編	係活動見直し	中間報告会		決算報告

◇係活動（会社経営）に対する覚悟

「会社」と呼ぶからには、しっかりと「公」を意識できる「人間」を育てるように、見直し活動や子どもたち自身の評価の際も会社らしくしていきたい、と考えました。

　そして何より、「自分らしさ」を出せることが大切です。会社名、仕事の内容についても、できるだけ「任せて待とう」、と思いました。

3 ▶ 2年間の実践を振り返る

◇5年1学期（教師から個へ）

　本格的な会社活動については、「学級目標」を設定してから、と考えました。学級におけるそれぞれの会社があるということは、学級は「企業グループ」ということになります。そのグループとしての「企業理念」こそが、学級における「学級目標」に値すると考えたからです。

　そこで初めは、「当番活動」として「給食当番」のみ決め、それ以外の当番的業務は「週番」を決め、すべての業務を行ってもらうことにしました。

　係活動については、昨年度までの係について振り返らせ、それを改善してひとまずスタートすることにしました。ただし、一つだけこだわったことがあります。それは、それぞれの係に描かせたポスターの「めあて」です。「係のめあて」というと、どうしても「仕事を忘れない」や「協力してやる」といったものになってしまいがちです。そこで「『めあて』とは、自分たちの係が頑張ることで、どんなクラスにしたいのかを書くことです」と伝えました。この「目的」をしっかり自覚させることで、仕事の内容は自ずと決まってくるであろうという思いです。

　運動会が終わった6月、いよいよ学級目標を決めることにしました。それまでにも「白い黒板」などで「教室にあふれさせたい言葉」や「教室からなくしたい言葉」については考える機会をもっていましたので、まずは、「どんな5年1組にしたいか」というキャッチコピーを考えました。そこで出てきたのが、「安心」「自信」そして「善進（ぜんしん・SAの道に向かうという意味の造語）」の「3つの『しん』を大切にする5年1組」というものです。さらに、キャッチコピーや学校の教育目標とも関連させ、できるだけ具体的な行動を示す形で、17のめあてを考えました。これが「学級憲法17条」です。

　この憲法は、6年生になってからも「憲法改正」を議論した上で「改正の必要なし」という学級全員の承認を得て、現在まで子どもたちの

「拠り所」となっています。

そして、1学期も終盤にさしかかってきた頃、いよいよ会社活動について提案します。1学期に行ってきた係活動を学期末に見直すと同時に、「クラスがよりよくなるために」「自分たちが考えたこと」を「好きな方法で」行ってみてはどうか、と伝えました。

毎週1回、朝の活動（学級の時間）で、係活動について検討する時間を取り、「目的」にはこだわらせながらもできるだけ子どものアイデアを「認める」ことを大切にしました。さらに、自分の業務に支障がなければ、いくつかの会社をかけもちしてもよいことを伝えました。こうしていくつかの「会社」が誕生しました。

◇5年2学期（個をつないで集団を意識させる）

2学期に入り、いよいよ本格的な会社経営がスタートしました。まず、業務内容についてクラスのみんなに分かってもらう必要があります。そこでまず、学級活動の時間に「会社PR合戦」を行いました。それぞれの会社が、自分たちの会社の目的（理念）や業務内容を伝え、協力してほしいことなどを呼びかけました。中には、たった一人で会社を立ち上げ、学級を盛り上げよう、という人もいました。これは「個人事業者」ということになります。その勇気とやる気を讃え、「一人が美しい」という価値語にならい、「一人の係も美しい」という、クラス独自の価値語が生まれました。

10月には、業務を1か月行ってみてどうだったかを見直す時間を設けました。自分たちだけでは見えない部分もあるので、他の会社の人か

らもアドバイスをもらうようにしました。その中で、活動の幅を、学級から学校に広げていこうとする動きが出てきました。「AGA（明るく元気にあいさつ）コーポレーション」のメンバーは、毎朝昇降口

に立ち、運営委員会の児童に混じり、全校生にあいさつをし続けました。
　すると今度は、今までの仕事の頑張りを認めて、表彰しよう、という動きも出てきました。会社の頑張りがそのまま、クラスの価値語を増やすことにもつながっていきました。

◇5年3学期（個に返す）
　3学期になると、それぞれの会社から、自主的に掲示物が作られて、教室に貼られるようになってきました。そして、学級の中に、オリジナルの価値語がたくさんたまってきました。
　そんな中、「WOI（忘れずお助けイベント）株式会社」と「ディスプレイ会社」の共催により、「第1回『価値語』ほめほめ選手権」が開催されました。

「クラスのよさについて考え、それを伝えられるようになろう」を合い言葉に、「価値語」のよさに改めて気づき、自分や学級をより「成長」させていくという目的で、自分の気に入っている5年1組オリジナルの「価値語」とそれを表す写真が載っている「価値語カード」を用い、1分間で、その写真の表すクラスのよさや価値語のよさについてプレゼンして競い合う、というもの

です。

　このイベントは予選ー本戦ーファイナルステージと、どんどん盛り上がり、運営する側も参加する側も「安心」と「自信」が大きくなったようでした。クラスとして、「善進」しているのを強く感じました。

　このような「非日常」の場面こそが、一人ひとりに「らしさ」をもたらし、「学級文化」を生み出すのだろうと思います。

　6年生につなぐ、という意味でも、個人で振り返る時間も多く取りました。学期末の反省カードはもちろん、「菊池学級」にあやかって行った「試練の十番勝負」の中で、「自主学習ノート（公の目に触れることを想定した『成長ノート』）」を用い、「5年1組にとって係活動とは」というテーマでまとめることで、「自分らしさ」や「学級」を意識させるようにしました。

◇6年1学期（個の再確認）

　クラス替えのない単学級で、学級担任も替わりませんでしたので、子どもと教師の間には、初めから共通の「観」があると思いました。そこで、「最上級生として」という視点を与えた上で、クラスのキャッチコピーと学級憲法の見直しから始めました。前述しましたように、学級憲法は「改正なし」という判断でしたが、キャッチコピーについては「観深（かんしん）」という言葉が足され、「4つのしんを大切にする6年1組」となりま

した。この「観深」とは、子どもが考えた言葉で、相手の「観」を深く読んで行動しよう、というものです。

　新たな会社活動も早めにスタートさせることができました。ただし、より「会社らしく」ありたいと考え、子どもたちに尋ねました。

「会社ということは、利益を上げて稼がなくてはいけないね。でも、お金があるわけではない。一体このクラスの会社では、何を稼ぐのかな？」

　子どもたちが学級内を自由に歩き回り、多くの者と議論して出した結論は、「成長を稼ぐ」というものでした。目には見えにくいけれど、確か

に評価はしやすい。では、クラスの成長を稼げるような会社を考えよう、ということで、新たな会社が誕生し、2年目の会社経営がスタートしました。クラスの様々なところをコーディネートして、みんなが成長できる掲示物を作成して掲示する「リフォームの匠」という会社が、教室前

の廊下に置いてある本棚をアレンジし、子どもたちも先生たちも手軽に菊池先生の著書などを手に取ることができる、「中島文庫」（担任の名前）も作られました。自主学習ノートを書く時はここから本を借り、菊池先生の言葉などを引用しています。

◇6年2学期（学級集団→学校集団を意識させる）

今までは学期ごとに係活動を見直してきましたが、3学期の係はあまりに活動期間が短く、もったいない気がしていました。3学期は再び個人を大切にするということを踏まえても、2学期までの実践に対しても向き合わせたい、と考えました。また、会社には「決算」があります。ということは、「上半期」「下半期」という分け方がよいのかもしれないと思いました。そこで、9月の終わりに「上半期決算報告会」を開催し、会社経営の見直しを行いました。

上半期の「利益」＝学級の成長をどれだけ生み出せたのかを、自己評価、他者評価の両面から行い、それをもとに会社の統合や新規参入などが行われました。会社が決まった後は社員募集です。それぞれの会社の社長が、それぞれ学級内でホワイトボードを手に持ち「辻説法」を行い、共に働く仲間を増やしていきました。

6年下半期の会社は、ある意味小学校生活の集大成とも言えるべきものです。子どもたちの意識も、「学級の成長」から「学校の成長」に目が向いていきました。ちょうど校舎の中央階

段にある掲示板を、2学期は6年生が使用してよいことになっていましたので、子どもたちに開放しました。すると、子どもたちによる全校生への「呼びかけ掲示」が始まりました。学級でこれまでに学んできた価値語や、その日の学校行事に対する心構えなどを、全校生に対して、呼びかける内容のものになっていきました。

◇6年3学期の実践（個に返し、中学校につなぐ）

1月に菊池先生が3度目の来校をされ、階段や教室の掲示物についてほめてくださいました。また、翌日行われた栃木支部主催のセミナーに、学級の子どものほぼ全員が参加し、会社経営を中心に「クラス自慢」を行うことで、他校の子どもたちや先生方との交流を行いました。こうした「非日常」の体験が、より子どもたちの心に火をつけたようです。

　その直後に、各社からの「中間報告会」を行いました。これまでの「利益」について考察し、残り2か月でどんな「成長」を「稼ぐ」のか決意表明をした上で、「株主」であるクラスの仲間から「質疑」を受ける、というものです。

　その中で、「社名変更」を行う会社が出てきました。これは、先のセミナーで菊池先生が「相手軸に立つ」という話をされたことを受け、動画投稿サイトの名前を利用してつけていた「You」を「Your」にし、「tube」
の解釈を「管」から中身のある「軸」にする、というものでした。

　その後、自分自身のこれまでの会社経営について振り返り、その意味について考えたり、これからについて考えたりする「自主学習ノート」を書かせました。そこに書かれた、一人ひとりの考えを広めつつ、それに対する教師側の思いを伝えることで、係活動に対する個の「思い」や係活動を通しての個の「成長」に、向き合っていこうと考えています。

4 子どもたちの成長

◇「私にとって会社とは何か？」
・私にとって係とは指示されてやる受動的にやる仕事。会社とは名前も自分たちで決め、すすんで能動的に人のために行うこと。一人ひとりが「責任ある積極性」の気持ちで自分の心と正対して行うこと。

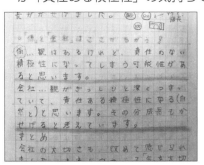

・今までは係活動で学期ごとに今度は何係にしようかな、と考えていたけれど、会社になってからは「どんどんクラスを良くしたいから今度はどういう会社を新しく作ろうかな」と、取り組む姿勢が変わってきた。
・係とは一人ひとりが決められたことなどをやっている。会社はみんなで作って自分たちでやりたい仕事をやっているので、すごく楽しくなる。
・ぼくにとって会社とは、「ＳＡ（スーパーＡ）」に行くためや、成長するために大切なものです。
・会社経営には、「観」がぎっしりとつまっていて、「責任ある積極性」に自然となっていくと思います。その分、成長も稼げると考えています。

◇「中間報告会を終えて」
・中間報告をして感じた事は、人数が少ない会社が困っていたら、自分たちの会社の目的である、「一人も見捨てない」ことを頭に入れて動きたい、ということです。
・中間報告会で、みんな自分たちの今までとこれからについて詳しく伝えていたので、これからどんなふうにクラスの成長を稼ぐのかを、分かりやすく理解することができました。
・中間報告をして会社の見直しができ、経営方針を考え直すことができたので、もっと成長を稼げるようにしていきたいです。

◇「会社のこれから」

・下級生にも教えて会社をやってもらったり、中学校でも自分たちが中心となって会社を続けたりできたらいいと思いました。

・中学校に行っても係はあると思うので、会社を広めて成長曲線を加速させられるような強い意志をもちたいと思います。

・今後の経営方針は、新たに相手軸に立つクラスにするために、自分から行動したり、学び合いをしたりする、という内容を増やしていこうと思います。これは菊池先生が四小に来てくださったことで思いついたことです。

・クラスにとってＳＡの道に必要な成長を稼いでいきたいと思います。

・会社経営を通して、クラスの成長は自分の成長でもあり、自分の成長はクラスの成長でもあることを学びました。

◇**子どもたちの変容から学ぶ**

　子どもたち自身の振り返りから、係活動の場は「成長できる場」だということを、子どもたち自身が感じ取っていることがうかがえます。学級で生まれた「安心」「自信」が、やがて学級の枠を飛び越え校内に、そして校外にも広がっていくことは、自然な流れだったのでしょう。

「係活動」を、成長のチャンスにするためにも、特別活動の充実が子どもたちの学校生活を支える土台として重要であることを再確認しました。「当番活動」に終始するような「児童会（委員会）活動」も、考えるべき時に来ているのかもしれません。

　子ども主体の「日常業務」が「非日常」での自信につながり、新たな「日常」を生み出していくことを、私自身、学ぶことができました。

第2章 「成長の授業」を生む11の視点

⑧ ほめ言葉のシャワー─一人ひとりを全員でほめる

大西一豊（菊池道場大分支部）

1 ▶ 菊池実践の代名詞「ほめ言葉のシャワー」

「ほめ言葉のシャワー」とは、一人ひとりのよいところを全員で見つけ合い伝え合う活動です。1日の主役の子どもが、帰りの会で教壇に上がり、残りの学級の子どもたち全員から、「ほめ言葉」を自由起立発表で次々と「シャワー」のように浴びます。

合言葉は、「今日、世界中で自分だけが見つけた○○さんのよいところ」です。この合言葉が、教室に温かい眼差しと言葉を生み出します。子どもたちの観察力、思考力、表現力は、ぐんぐんと上昇していきます。

ほめ合うことは、ほめられる人だけでなく、ほめる人も心地よくさせます。「ほめ言葉のシャワー」が学級の文化になると、1日が期待に胸を弾ませてスタートします。そして、1日の終わりは「ほめ言葉」があふれ、気持ちよく締めくくられます。学校という場所が、楽しみな場所に変わるのです。子どもたちの「心が愉快」になるのです。

互いをほめ合う学級は、子ども同士の関係が強く結ばれ、自信と安心であふれます。自分の気持ちを自分の意志と言葉で表現し合い、相手を尊重して正しく言葉を受容し合う。それらを通して、互いを理解し合っていく。ありのままの自分でいることができるのです。教室から不必要な不安は消え去り、子どもたちの「心の荒み」がなくなっていきます。

次第に、自分たちで望ましい姿を学級全体でつくっていくようになります。よさを伝え合うことで、絶えず「成長」を意識するからです。毎日の子どもたちの意識は、一人ひとりの「成長」へと集中し、刺激を受けることによって自らの「成長」につなげ、終わりなき「成長」へと突き進みます。個の内面の「心の成長」へと変化していきます。

だからこそ、菊池実践の代名詞「ほめ言葉のシャワー」なのです。

2 ▶ 教師の覚悟で全てが変わる

　下の図は、【年間を見通した「ほめ言葉のシャワー」の全体像】です。
　1年間を4つのステップで分類し、最低限必要な11のポイントでゴールまで示しています。「ほめ言葉のシャワー」は低、中、高、中学、高校、大学、大人社会でも通用するものです。境界線なく、活用できます。
　具体的な手順については次項に書きます。様々な実践に共通することですが、手法的に取り入れた形だけの指導では、効果は期待できません。子どもたちの「成長したい」と思う気持ちに対して、私は失礼に感じます。「みんな仲良くなればいい」「子どもたちだけでやらせておけばいい」ではないのです。上手くいかないこともあるでしょうが、「誰が悪いのか」という短絡的な思考ではなく、一つの集団として子どもたちと一緒に考え続けて創り上げていくべきです。「ピンチはチャンス」です。
　そのためにも、年間を見通して、糸を紡ぐように丁寧な実践のつながりを意識しましょう。「教師のみる目」と「観」が最重要となります。

「ほめ言葉のシャワー」～年間を見通した全体像～　大西一豊（キーワード）

★「ほめ言葉のシャワー」とは、一人一人を全員でほめる活動　★学級の土台となり、自信と安心感を醸成する　★教師の覚悟で全てが変わる　★「教師のみる目」が肝となる
※「ほめ言葉のシャワー」だけというような一元的なものではない　※様々な実践と教師の「観」などと複合的に絡まり合っている

	①4月、5月、6月	②7月、8月、9月	③10月、11月、12月	④1月、2月、3月	★ゴール★
ほめる	教師がほめる	ほめ合う経験	集団でほめ合う	個でほめ合う	公
視点	プラス・長所接近	心の温度を上げる	学級集団	らしさ	SAのその先へ成長
子どもの姿	知り合う	発見し合う	相手が好きになる	自分が好きになる	人格の形成
心理面の変化	やる気↑↑よい行動↑↑	安心感↑↑自主性↑↑	相手軸↑↑笑顔↑↑	自己開示↑↑自己肯定感↑↑	幸せ
言葉（価値語）	増える	使う	生み出す	日常化	パートナー
言葉（学習）	ゲーム性を持たせた指導	学習指導要領との関連性	学年に合わせた語彙指導	学年を超えた語彙指導	豊かな語彙力
形式	全体の前 列や班など	左右に立ち位置を変える 自由規模発表	発表者に近づく 手紙などとセットに	スキンシップ（握手、ハイタッチ、ハグなど）	学級文化
授業	規律と最小型	速く、柔らかい	動の自由規模拡大	学校外での学び	アクティブ・ラーナー
日常指導（話す）	自由規律発表（テンポ、リズム） 3つあります（型）	姿勢、目線など（見た目） 「出す声」など（声）	身振り手振り、表情など（相手意識からの伝達情報の追加）	語りかけ、声色など（表現） 笑顔、応答関係など	コミュニケーション力
日常指導（聞く）	見える聞き方の定着 正対	頷く、相槌、引用	質問するつもりで 称賛するつもりで	「聞く」から「聴く」へ	考え続ける思考
日常指導（書く）	箇条書き（質より量） 事実と意見の区別（観察力）	具体的な描写（会話文、数、5W1H）	「事実＋意見＋α」（お礼、勧誘、労い）の整い	個性的な表現に向かわせる	宝物

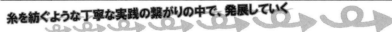

糸を紡ぐような丁寧な実践の繋がりの中で、発展していく

3 ▶「ほめ言葉のシャワー」の事実と実践

①子どもたちが抱く可能性

　私の学級の子どもたちは、「ほめ言葉のシャワー」が大好きです。以下、「ほめ言葉のシャワー」を経験する前の３年生の作文です。

●「ほめ言葉のシャワー」という言葉からして、いいものでしかないですよね。イメージは、この言葉をピンク色がふわふわ〜と囲っているように見えます。ほんわかとした感じがします。
●人を幸せにしてくれそうです。自分のよさを知って、その意味を理解すれば、きっと人を幸せにしてくれます。
●ぼくは、すっごく楽しみです。早く「ほめ水」を浴びたいです。みんな、どんな「ほめ水」をくれるのだろう。最高の思い出にします。
●「シャワー」がたまれば「お風呂」になります。みんなから「ほめ言葉」をもらったら、ぼくは「ほめ言葉のお風呂」につかって、ポッカポカ〜。
●すてきだなあ〜と思います。その理由は、ほめ言葉のシャワーで水が落ちてくるということは、だれかがいいことをしたということだから。わたしたちのクラスがどんどんいいクラスに変わっていきますよね。
●みんなが温かい心をもてます。相手をほめると自分もうれしくなるし、自分もほめられると笑顔になるからです。笑顔は温かい心だからです。
●「心と心のつなぎ合い」になります。理由は、ほめ言葉を人にあげたら「ありがとう!!」とすっごく喜びます。そしたら、もらった人は「誰かにほめ言葉をあげたら喜ぶかも！」と思って、次の人に

またほめ言葉をあげます。そして、またもらった人が…。そのくり返し。だから、ずっと笑顔でつながるのです‼
●教室に笑顔、スマイルをくれます。いやなことなんか流れて忘れさせます。毎日が楽しくてたまらなくなるから、HAPPY♪です。
●一人を大切にできます。みんなが一人にほめ言葉のシャワーをかけると、一人は大切にされていると思えます。それから、大切にしていなければほめ言葉のシャワーはかけられないからです。
●元気になります。理由は、マイナス的な言葉をかけると「しょぼん…」ってなるけど、プラス的な言葉をかけると、温かくなって健康にもいいからです。花に水をあげるのと、同じですよ。
●ほめ言葉のシャワーだから、悪いところが流れていきます。悪いところはみんな人間だからあります。体についた泡が悪いところで、シャワーを浴びると泡は「さよなら～」です。流れちゃいます。
●「ほめ言葉のシャワー」には、「成長のつぶ」が詰まっています。「ほめ言葉」は「美しい言葉」。「美しい言葉」はいい気持ちにしてくれます。その「言葉」が「つぶ」なんです。私の成長が「つぶ」にあるはずです。だから、「成長のつぶ」なんです。

　私は、学校がさらに楽しみになり、早く会いたくなり、教室に行くのが待ち遠しくなりました。
「ほめ言葉のシャワー」には、たくさんの可能性があります。それぞれの学級の歴史がつくり上げる大事なものになっていきます。

②「ほめ言葉のシャワー」の具体的な手順

◎年間4回（4巡）程度行う
◎毎日の帰りの会で行う

①主役の日に飾る「私の日ポスター」を各自1枚描く
②その日の「私の日ポスター」を描いた主役の子どもが教室前の教壇に上がる
③残りの子どもが主役の子どものよいところを発表する

④発表は自由起立発表で「シャワー」のように行う
⑤教師は子どもたちの後に発表する
⑥全員の発表が終わったら、主役の子どもがお礼のスピーチをする
⑦最後に教師がコメントを述べる
⑧主役の子どもが帰りの挨拶をする

　全員で心を傾けて一人ひとりの言葉を聴き合うことで、教室の雰囲気は柔らかくなり、温かくなります。中には、感動して涙を流す子どもたちもいます。終わった後は、自然と拍手が起こります。

　「私の日ポスター」は、学年に応じて、色画用紙か白い画用紙か決めています。色鉛筆やマジックを使って楽しそうに、自分らしく作成します。出来上がったら、黒板の隅にまとめて掲示しておきます。
　主な内容は、以下の通りです。

・自分の名前　・みんなへのメッセージ　・イラスト　・好きな言葉

　菊池先生は「私の日ポスター」ではなく、「日めくりカレンダー」を各自１枚描かせています。「私の日ポスター」との違いは、「日にちと曜日」「その日の主な行事」があることです。私は、勤務する学校の事情でアレンジをしています。「日にちと曜日」がない代わりに、くじ引きのように使っています。これはこれで、

子どもたちにとっては楽しみの1つになっているようです。ドキドキ感が好きみたいです。

大切なのは、「日めくりカレンダー」や「私の日ポスター」を作る目的です。1日の主役が誰なのかを分かりやすくすることを目的としています。特に、始めたばかりの時期は、掲示していても主役の子どもに意識が向かない場合があります。「今日は〇〇さんの日だね！楽しみだ！もう見つけた人はいる？」などとポスターと合わせて声かけをしながら、主役の子どもに意識が向くようにしていきます。

③よい行動が増える1学期前半　〈教師がほめる〉

次の図のような「ほめ合うサイクル」を教室の中に作ります。

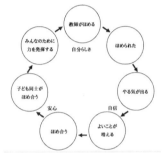

ほめられた経験のない子どもたちは「自信」がなく、「自分のよさ」をあまり知りません。子どもたちに「自分のよいところ」と「自分の悪いところ」をそれぞれ5分間書いてもらいました。Aさんは、「自分のよいところ」をなんとか5個書きましたが、「自分の悪いところ」はなんと39個も書きました。全員が同じような結果でした。

このような子どもたちを変えることができるのは、担任です。

ほめるスタートは、教師なのです。そして、教師は年間を通して、子どもたちをほめ続けることが重要です。ほめられた経験のない子どもたちは、ほめられると素敵な表情を見せてくれます。また、「ほめる視点」を伝えていきます。「何を」ほめ、「どのような言葉で」ほめ、「なぜ」ほめるのか。子どもたちは、少しずつ視点が分かってきます。特に、年度初めの出会いの時期は、小さな事実も取り上げて丁寧に、シャワーのようにほめ言葉をプレゼントします。

教師がほめることによって、子どもたちはやる気を出し、教室内にプラスのよい行動が次々と増えていきます。

　この時期の私の実践の一つ「いきなり！連発ほめ言葉!!」を紹介します。内容は、シンプルです。教師が子どもたち全員を間髪入れずほめていくのです。「少し早口だけど、よく聞いてくださいね」と伝えて、1人15秒程度で伝えます。全体で7、8分もあれば十分に行えます。行うタイミングは、4月中旬と4、5、6月の下旬です。子どもたちは、ふにゃ〜っとした表情へとみるみるうちに変化していきます。

「ほめられることって、気持ちがいいことなんですね」「やる気が出てきました」「ぼくにこんなよいところがあるなんて」「ほめる先生に出会えて幸せです」「私も誰かをほめたいです」という言葉が振り返りの作文には書かれていました。

　小さな変化や成長も事実です。「小さな事実でもほめよう」と決めて、学級全体に伝えるように価値付けてほめていくのです。

「強く、細かく、元気よく」拍手をセットにすれば、教室の「心の温度」は一気に高まっていきます。

「ほめ言葉のシャワー」を成功させるためにも、「教師がほめる」ということは重要です。率先垂範でほめる教師となって、教室に「ほめ合うサイクル」を作っていきましょう。

④安心感が高まる1学期後半　〈ほめ合う経験〉

　ほめられる経験をして、ほめることのよさを感じ始めた時期に、「ほめ合う経験」ができる活動をします。初めは、ぎこちなくて形はよれよれでもいいので、互いを「ほめ合う経験」をすることが大切です。子ども同士がつながって、学級の一人ひとりを認め合う空気ができてきます。子ども同士の心の距離が近づき、安心感は高まります。

　写真は、B5用紙に相手のよいところを書いて伝え合っている場面です。B5用紙に自分の名前を書かせ、ルーレットの形式で1人1枚選びます。選んだ相手のよいところをこっそりと観察して用紙に書き込み、帰りの時間、相手に伝え合う活動です。最後は、手紙として相手にプレゼントします。「ほめる」「ルーレット」「手紙の『レター』」をかけて、学級では「ほめルーレター」と呼んでいました。

　子どもたちは、自分の手紙が手元に戻ってきた時、大喜びしてじっと書かれている言葉を読み、笑顔になります。自然と、「ありがとう」の声も聞こえてきました。

　ほめ言葉を書くときのポイントは、「事実＋意見」であることです。「事実」は、なるべく詳しく書くように指導します。「意見」は、「事実」に対しての「価値付け」をしていきます。「価値語」や「辞書引き」などと並行して指導していくと語彙力も高まり、効果的です。

　書いて表現することのよさは、自分の思考を整理しながら表現できることです。整理する過程が自分と向き合う時間にもなるので、相手の1日を振り返りながら、自分の中からほめ言葉を紡ぎ出すいい経験になります。相手のよいところを伝えるには、自分の目で相手のよさに気づき、自分の中から言葉を導き出すしかありません。

この他にも、席替えの前にほめ言葉を伝え合ったり、授業のちょっとした場面で学級の子どものよさを発表し合ったりします。繰り返すうちに、人とほめ合うよさを実感してきます。
　このタイミングで、「ほめ言葉のシャワー」の1回目を実践します。実感を伴って「ほめ合う経験」を積んできた子どもたちは、「ほめ言葉のシャワー」をしたことがなくても、そのよさを感覚的に感じ取ります。
　私の学級の場合、子どもたちのヒットポイントは「一人ひとりを全員でほめ合えること」でした。
　「ほめ言葉のシャワー」を始める時には、教師の思いを語ることも重要ですが、教師が一方的に取り入れるのではなく、必ず子どもたちと「価値」や「意義」について話し合い、考えを深めていくことをおススメします。102・103ページの作文は、子どもたちと話し合った後の作文です。十分に教師と子どもの思いが重なり合うことで、子どもたちは「ほめ言葉のシャワー」に対しての気持ちが高まっていくのです。受動的に「やらされている感」をもって活動するのではなく、自分たちで「やっている感」をもつことで能動的に主体的な学級の活動になるのです。安心感に加え、学級の仲間に対する思いも高まっていきます。

⑤笑顔であふれる2学期 〈集団でほめ合う〉

　2学期の特徴として、目に見えての変化があります。それは、教室に笑顔があふれるということです。子どもたちが、相手に関心を向けて関係をつなぎ合い、集団への居心地のよさを感じている証です。関係を笑顔で築くことで、相手やみんなのことが好きになってくるようです。
　2学期、「ほめ言葉のシャワー」の2回目、3回目を実践します。子どもたちのほめ言葉は、主役だけではなく、周りとの関係から見つけた相手のよさに注目する言葉が増えてきます。例えば、「今日の昼休み、台拭きを忘れている人がいました。〇〇さんは、代わりに拭いていましたね。『気づいたら行動』する人で、クラスの『ヒーロー』です」などのほめ言葉が増えていきます。一人ひとりが温かい関係でつながり合ってきた学級集団、その一員としての視点で互いをほめ合うことになるのです。

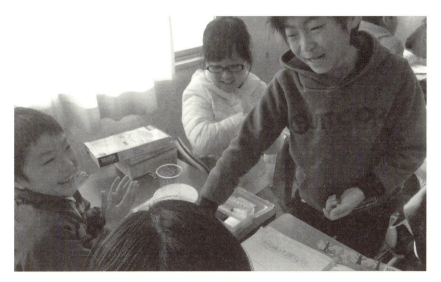

　一方で、「ほめ言葉のシャワー」のマンネリ化から活動が停滞してしまうという話をよく聞きます。内容がありきたりになってきたり、自分が伝えたらおしまいの人が出てきたり、形式が固定されたりするようです。

　しかし、これらはチャンスです。「ほめ言葉のシャワー」の質を高めて、学級独自の新生「ほめ言葉のシャワー」になるチャンスなのです。一人ひとりが「心を動かす」経験をして形になってきたら、子どもたちと「もっとよくするためには？」などの考えを出し合ったり、よいものを取り上げたりして、一緒に発展させていくのです。学級のみんなでつくる「ほめ言葉のシャワー」になれば、様々な工夫が飛び出します。

　発展させるための主な観点を、4つ紹介します。

　1つ目は、言葉です。教師の取り上げや全員で考える時間の設定をします。「○○名人」「○○の神」などの言葉が流行ったり、価値語の指導とリンクさせて「オリジナルの価値語」を生み出したりします。

　2つ目は、観察力です。具体的な描写をするために5W1Hや数を意識させたり、多面的な見方を指導したりします。意外性や新発見などに気づくようになってきます。全体にその価値を紹介するのもよいです。

　3つ目は、コミュニケーションです。声色や声のボリュームなどの声

を音として捉えたり、態度や姿勢の大切さを話し合ったりします。ポイントは、相手の立場に立ったり、相手を想像したりする「思いやり」です。より相手に気持ちが伝わりやすいように表現しようとします。

　４つ目は、動きです。会釈やお礼などの相手を敬った行動、主役や発表者が近づく、身ぶり手ぶりなど様々な動きがあります。それらを取り上げてほめることで、新しいルールとして取り入れます。

　合わせて、お礼のスピーチも変化させるとよいです。「感想が３つあります。１つ目は、○○です。…。２つ目は、○○です。…。３つ目は、○○です。…。最後に…」というような「３つあります」の形式にします。全員によりはっきりと思いを伝えることができます。

　新生「ほめ言葉のシャワー」へと試行錯誤を繰り返し、集団として「成長」を続ける「ほめ言葉のシャワー」へと発展するのです。

⑥好きになる３学期　〈個でほめ合う〉

　子どもたちと一緒に学級集団独自の「ほめ言葉のシャワー」へと発展させてきました。仲間と切磋琢磨する姿を１日中見ることができます。

　そんな３学期の教室では、どの子どもも「自分らしさ」を発揮してきます。教師の言葉も「らしさ」がキーワードになってきます。

　笑顔の温かい言葉で互いをほめ合い「自分のよさ」を発見し、「自信」へと変わります。「自分らしさ」を確かなものにし、子どもたちは「自分が好き」と語るようになります。

　自己肯定感とは「自分のよさを自分で語れるか？」だと考えています。「自分が好き」と語る姿は、まさに自己肯定感をもっている姿そのものです。「ほめ言葉のシャワー」は、個のよさを最大限まで高めていきます。「自分らしさ」を発揮する子どもたちの行動は、急加速的に拡大していきます。自分から全体の前で学級と自分が「成長」するための授業をしたり、自分たちでチームを組み、学級の思い出づくりのために企画、提案して実施したり、教師がいなくても話し合いを始めたり、ある意味毎日が非日常的な教室になっていました。

　「ほめ言葉のシャワー」では、価値語「愛情想像力」で相手の未来が明

るく幸せであることや公に向かって成長していることなど、全てをプラス的に捉えた言葉へと変化してきます。「あなたの本当のよさ」「1年限りの成長ではない」ということを本心から伝え合います。

また、「自分らしさ」を互いに発揮した「ほめ言葉のシャワー」も始めます。主役の「自分らしさ」に注目して発表をするのですが、その主役のよさに気づいた発表者もまた、それがよいと気づくことでその発表者の「自分らしさ」になってくるのです。

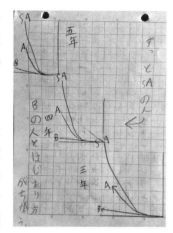

そんな子どもたちは、互いのことを「人間的に好きだ」と語るようになります。互いを「好き」だと感じることができれば、本音で話し合い、本音を聴き合うことができるようになります。

「ほめ言葉のシャワー」は、これからも「成長」を続けていく子どもたちにとって、最も大事なことを学ぶことができるものなのです。

4 「ほめ言葉のシャワー」は連鎖する

ある日、保護者の方から手紙が届きました。そこには、こんな言葉が書かれていました。目頭が熱くなりました。

> 大西一豊先生!すごいことを思い出しました!!
> 昨年、娘が通学中に道で転んでしまい、膝を怪我して動けなく大変な思いをしていた時、通りかかったHちゃんがかけ寄って助けてくださって…。学校まで付き添って歩いてくれて…。
> そのことを娘から聞いて、Hちゃんの優しさが嬉しくて嬉しくて。お礼にクッキーと手紙を添えて、娘にことづけた時、「お礼のお言葉やクッキーなどは結構です！当たり前のことをしただけなので、いただけません」と謙虚なことを言っていたと娘が話しておりました。
> 後日、Hちゃんからいただいた手紙です。

> 花◼ちゃんのお母さんへ
> これは、だいじょうぶです。
> こまっているので、助けただけです。
> なので、あたりまえのことをしただけなので
> 気にしないでください。
> 気をつかってくれてありがとうございました。
> そのかわり、◼ちゃん、そしてお母さんが、こまっている人がいたら助けてくれ
> るだけでいいです。なので安心してください。
> 長文もうしわけございませんでした。

> 今朝、ふとHちゃんの手紙を思い出して、娘に確認したら、前の
> Hちゃんの担任が大西一豊先生！びっくり！！
> 一年越しでいろんなことが繋がって、妙にすっきり！
> 納得です！

「ほめ言葉のシャワー」は、子どもたちの中に生き続けていきます。
　子どもたちの「成長」に終わりはないように、一人ひとりを全員でほめる「ほめ言葉のシャワー」の力は、教師の考えている範疇を超えて、経験した子どもたち自身が最も理解していくことが分かりました。
　「ほめ言葉のシャワー」で学級と子どもたちは、確実に「成長」していくという事実を体験した瞬間でした。

第2章 「成長の授業」を生む11の視点

⑨ 価値語 言葉をつくる、そして成長へ

堀井悠平（菊池道場徳島支部）

1 考えや行動をプラスに導く「価値語」

①心の中に生き続ける言葉

　私には、心の中に今でも生き続ける言葉があります。「努力に勝る天才なし」という言葉です。小学校6年生の時に少年野球の退団式で監督さんからかけてもらった言葉です。
　「家でも毎日練習していたのを知ってる。これからも努力に勝る天才なしという言葉を忘れずに頑張れよ」
　監督さんが自分の努力を認めてくれたことが嬉しくて、今でもその時のことをはっきりと覚えています。そして教員になった今でもこの言葉が私を勇気づけてくれるのです。
　このように考え方や行動をプラスに導く言葉のことを菊池省三先生は「価値語」と呼んでいます。価値語を知った子どもたちは、自発的に成長をしようとします。私は3年間価値語を指導していますが、価値語によって子どもたちが変容をしていくことは間違いないと考えています。

②価値語指導で大切なこと

　菊池先生は、価値語の指導について、従来の子どもたちを管理、統率するためのものではなく子どもたちの自発的な成長を伸ばす指導だと言っています。私はこの点をしっかりと押さえて指導することが大切であると考えます。公の場に通用する「人間を育てる」ことを目指すのであれば、1年間の単発で終わらずに、子どもたちの心の中にずっと生き続ける言葉でなくては意味がありません。そこで、価値語指導では教師の管理、統率のための「説教」ではなく、子どもたちが自己と向き合って考える「授業」にすることが重要になってきます。

2 「価値語」指導の覚悟・1年間の見通し

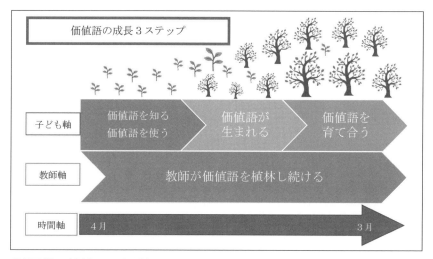

①「言葉を植林する」覚悟をもつ

　菊池先生は、ドリアン助川さんの言葉を引用して、「言葉を植林する」とよく言います。教師は、子どもたちに価値ある言葉をたくさん植林していくことが大切です。そして、それが価値語指導における教師の覚悟ではないかと思います。上の図は、価値語が育っていく3つのステップを表したものです。時期に多少のずれはありますが、これまでの価値語指導では上のような成長をしていきました。この図に表しているように、教師は1年間の見通しをもって、継続的に価値語を植林していきます。教師は「言葉で人間を育てる」という責任感をもって、子どもたちの身近な言語環境として日々子どもたちと向き合う姿勢が大切です。

　そこで、まずは教師が価値語の語彙を増やすことが大切です。私は4月の学級開きの前に、価値語をパソコンに打ち出しています。毎年価値語は蓄積され、授業中の価値語だけでも300を超えています。これだけの価値語を蓄えていても、口からぱっと出てくる価値語は僅かです。しかし、こうして価値語の語彙を増やしておくことで、ここぞというタイミングを逃さずに価値語を植林することができると考えています。

3 ▶ 価値語指導の実践

1. 価値語を知り、価値語を使うようになる
①価値語があふれる教室にするために

　学級開きの時に価値語とは何かを子どもたちに教えます。また、価値ある言葉を大切にして成長し合える学級にしていくという1年間の学級経営の指針を出します。そして、初日から価値語を植林していきます。

　まずは2学期、3学期に大きく成長していくためにも、子どもたちが安心して学び合う学級の土台づくりをすることが大切です。そこで、1学期に植林する価値語は、必然的に学習規律や学び方、学校生活のルールをつくっていくものが多くなります。その時に心がけているのは、教師が一方的に価値語を教えるのではなく、できるだけ子どもたちと一緒に考えながら言葉を植林していくことです。それは、価値語が知識としての表面的な言葉ではなく、子どもたちの内面に生き続ける言葉になってほしいと考えているからです。また、子どもたちがたくさん価値語に触れる機会を意図的に創っていきます。

【教室に価値語をあふれさせるために】
①成長ノートに価値語をテーマにした内容を書く。
②黒板の左端5分の1を価値語のスペースにする。
③学習規律的な価値語を黒板の上に掲示する。
④「ほめ言葉のシャワー」の時に出てきた価値語を黒板に書く。
⑤価値語ポスターを目につくところに掲示する。
⑥朝の会に価値語ミニ授業を行う。
⑦授業中の一場面を取り上げ、価値語を教える。

　1学期は、こうして常に子どもたちの生活の中に価値語があるようにしかけていきます。環境を整え、教室全体を価値語であふれさせていくのです。

②道徳「1本のチューリップ」価値語を入れた授業づくり

　菊池先生は、授業のめあてを考える上で下の5つの視点をもつことが大切であると言っています。

①表（おもて）　②学級経営的　③学習規律　④学び方　⑤横軸づくり

　表のめあてだけでは「教える」ことで終わってしまいますが、授業を通して子どもたちをどのように「育てる」のかが大切だということです。その上で残りの4つのめあてを達成するために価値語が欠かせません。

　5月の道徳の時間に「1本のチューリップ」という授業をしました。学習指導要領に書かれた内容項目を含んだ表（おもて）のめあてと、意見を出し合う楽しさを体験させたいという裏のめあてがありました。

　45分の授業で黒板は子どもたちの意見でびっしりと埋まりました。授業の終盤、一人の男の子が口をぽかんと開けて「うわっ、白い黒板みたい…」とつぶやきました。その瞬間、子どもたちから「ほんまやな」「すごい」という歓声が上がりました。そこで、黒板の右端に赤色で「みんなでつくるじゅぎょう」と書きました。そして「学習のルールがしっかりと守れているから安心してみんなで意見を出し合えるんだね。これからも、みんなで考え続ける学級にしていこうね」と伝えました。

授業後、子どもたちが黒板に意見を書き込みながら話し合いを続けていました。また、一人の女の子が「1本のチューリップ」で学んだことをポスターにしたいと言いに来ました。理由を尋ねると「みんなで意見を出し合ってはじめて道徳の勉強が

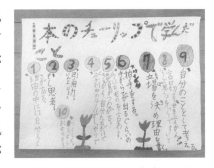

楽しいと思ったからです」と答えました。自分の意見を相手に伝えること、みんなで考えることが楽しいということを体験できたのだと思います。

　価値語を植林する時には、こうした体験を通して内面に響く言葉を植林することが大切だと考えます。闇雲に言葉を植林しても、根（内面）がしっかりしていなければ、なかなか言葉の木は大きく育ちません。授業を通して子どもたちの内面に生き続ける言葉を植林したいものです。

③朝の黒板メッセージ＋朝の会のミニ授業

　しかし、それだけではなかなか子どもたちに価値語は定着していきません。そこで、前日に見つけた教室に広げたい価値ある言葉や行為を朝の黒板メッセージに書き、朝

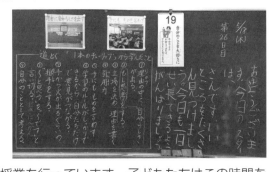

の会に10分程度のミニ授業を行っています。子どもたちはこの時間を「心の授業」と呼びます。子どもたちと一緒に価値ある言葉や行為について考える大切な時間の1つです。「1本のチューリップ」の後にも黒板に書いてミニ授業をしました。そして、子どもたちは成長ノートに学んだことを視写しました。1学期はこのように繰り返し丁寧に価値語を植林していくことが大切です。たくさん植林された価値語を、子どもたちは無意識のうちに使うようになり、1学期の後半からは少しずつ子どもたちから価値語が生まれてくるようになります。

2．子どもたちから価値語が生まれる
①価値語を生み出すしかけづくり

　１学期と変わらず、２学期も子どもたちにたくさんの価値語を植林していきます。２学期は、運動会や学習発表会など行事がたくさんあります。教師は行事（非日常の場）で個や集団にどんな力をつけたいかというビジョンを明確にしていなくてはなりません。そして、それに合わせた価値語を植林することで集団を成長に導いていくことができます。また、２学期は集団のまとまりが生まれるとともに、子どもたちの中から価値語が生まれてくる時期でもあります。そのためには、教師が価値語を植林し続けることはもちろんですが、子どもたちが言葉を生み出せるようなしかけをつくることも大切です。

　価値語を植林し続けることで、子どもたちは授業や生活の場面で価値語を使うようになってきます。そのタイミングで少しずつ、子どもたちと一緒に価値語を考える場面をつくるのです。
私は、よく朝の会にしているミニ授業の中で子どもたちと一緒に価値語を考えます。写真を黒板に貼ったり、テレビ画面に映したりしてよいところを探します。そして、教師も子どもたちと一緒になって価値語を考えていきます。教師がいろいろな角度から写真の行為を価値付けていくことで、子どもたちも１つの行為をいろいろな角度から見ることができるようになっていきます。また、語彙力や表現力も磨かれていきます。このような日々の積み重ねを大切にしていきます。

②子どもたちから生まれた「努力のダイヤモンド」

　運動会前の放課後にダンスの練習がありました。練習が終わった後も、一人残って黙々と練習をする男の子の姿がありました。責任感の強い男の子でみんなを引っ張っていくために早く振り付けを覚えようと練習

していたのです。翌日の朝の黒板メッセージで彼の頑張りを紹介しました。その時は子どもたちから「一人が美しい」という価値語が出されました。1学期に教えていた価値語でした。

数日後、彼が「ほめ言葉のシャワー」の主人公の日がありました。その時に、ある女の子が次のようにほめました。

> この前の運動会のダンスの練習の時のことです。みんなが帰った後も一人で練習をがんばっていました。努力したときに流れる汗はキラキラ輝いているので「努力のダイヤモンド」ですね。

教室から「おお～！」という言葉が出ました。男の子も満面の笑みを浮かべていました。子どもたちが「努力のダイヤモンド」という価値語を生み出した瞬間でした。

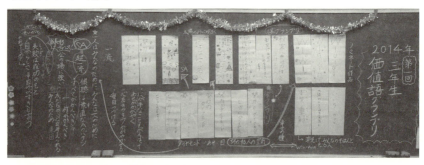

2学期の終わりに「価値語グランプリ」をしました。これは学級でいちばん人気のある価値語を決めようというイベントです。子どもたち一人ひとりが短冊に好きな価値語を書いて発表しました。その結果「努力のダイヤモンド」がグランプリに選ばれたのです。第2位の「教室に幸せの種を蒔ける人」も子どもたちから生まれた価値語でした。

1学期から植林し続けた価値語は子どもたちの心の中からあふれ、やがて自分たちで価値語を生み出すようになります。教師は、このタイミングを逃さずに価値付け、全体に広げていきます。すると、次第に子どもたち同士で言葉を磨き合うようになっていくのです。

豊かな言葉が教室にあふれると、成長はさらに加速していきます。
3．子どもたちが価値語を育て合う
①学習規律的な価値語から人間性を磨く内面的な価値語へ

　学級の実態によって時期は違うと思いますが、私の学級では２学期から活発に子どもたちが価値語を生み出すようになります。そして３学期は、さらに子どもたちが価値語を育て合うようになっていきます。

　また、１学期と比べると教師が子どもたちに植林する価値語も変わってきます。１学期は学級の土台づくりに力を入れるため、どうしても学習規律的な価値語が多くなります。しかし、２学期の後半から３学期にかけては、子どもたちの人間性を磨く内面的な価値語が多くなっていきます。そして、こうした価値語は個の力を伸ばしていきます。
①個を伸ばす価値語

　３学期に学級内でトラブルが起こりました。その時に「鳥の目で見る力」という価値語を子どもたちに教えました。自分や相手を俯瞰して見る力や、相手の気持ちを察する心や想像力を育てたいという思いからでした。その数日後、ある男の子が成長ノートにこんなことを書いてきました。

> 　ぼくは、今日友だちとケンカをした後に一度鳥の目で考えることにしました。すると「そうか、あの時にあんなことを言わなかったらよかったんだ」ということに気づきました。そして、友だちにあやまることができました。だから、これから何かが起きたときには、鳥の目になって考えてみます。

　４月当初は、カッとなると友達を傷つける言動があった男の子です。しかし「鳥の目で見る力」という価値語によって自

らを一度違う目で見つめ直し友達に謝ることができました。男の子にとって「鳥の目で見る力」という価値語と実体験とが相俟って価値語が心

に響いたのだと思います。この価値語は個を伸ばす１つの言葉になりました。その翌日、男の子からの学びを学級全体に広げていきました。
　３学期に植林する価値語は、こうした個の内面に問うものへと意識してみるといいのかもしれません。
②**価値語を育て合う子どもたち**

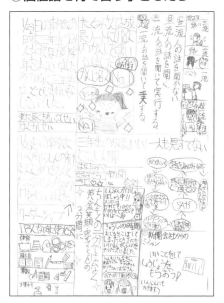

　「言葉が人間を育てる」という菊池先生の言葉通り、価値語を植林された子どもたちは、言葉が豊かになるにつれ心も豊かになっていきます。
　３年生の３学期に「３年生のいいところ成長新聞」という係がありました。この係は、一人ひとりによいところを観察して新聞を作ったり、賞状を作って表彰したりしていました。左の写真を見て分かるように、新聞にはこれまでに蓄積された価値語があふれています。価値語の意味を理解して自分のものにしている証拠だと思います。
　また、係活動以外でも自発的に友達のいいところを写真に撮って価値

語モデルや成長のポスターを作るようになりました。これまでは、教師が中心になって価値語を広げてきました。しかし３学期になり、子ども同士で価値語を広げるようになったのです。
このように、子どもたちはこれまで蓄積された価値語を使って自発的に学級の成長を加速させていきます。１年間の歩みの中で価値語が自分たちを成長させてくれたという実感があるからではないでしょうか。

4 ▶ 言葉の力を信じて価値語を植林し続ける

　この写真は、3年生の3学期に子どもたちが黒板に書いた「SAへの誓い」です。ここには一人ひとりが自分にぴったりの言葉を選んでいます。そして、その言葉は価値語であふれています。1年間価値語を蓄積してきた子どもたちは、心が豊かになり大きく成長していきました。それは、子どもたち自身も感じていることです。こうして「言葉の力」を体感した子どもたちは、これから先も言葉を大切にして未来へと大きく羽ばたいてくれると信じています。

　「菊池実践」をして3年が過ぎました。この3年で感じたことは「言葉の力で人間を育てる」菊池実践にとって、価値語はかけがえのない存在だということです。価値語は、菊池氏のどの実践にも複合的に絡み合っ

ています。価値語がそれぞれの実践の大きな幹となり「成長の授業」を生み出しているのではないかと考えています。

　実体験をともなった言葉は子どもたちの心の中に生き続けていきます。そして、未来の自分を支える大きな柱へとなっていくのです。だからこそ、私は子どもたちの成長を信じて価値語を植林し続けていこうと考えています。そして、私自身言葉を磨き、一人の人間として常に子どもたちを感化する存在であり続けたいです。

第2章 「成長の授業」を生む11の視点

⑩ 成長ノート 作文のテーマを教師が与える成長ノート

大森加奈子（菊池道場岡山支部）

1 「成長ノート」で教師が全力で子どもを育てる

成長ノートは、一言で表すならば、「教師が全力で子どもを育てるためのノート」です。担任である教師が、クラスの子どもたちを社会に通用する人間に育てようと、自分の信じる価値観を子どもにぶつけ続け、子どももそれに対して真剣に応えていくという、双方向のノートです。

子どもたちは、「成長ノート」に書くことを通して、新しい自分を発見します。そして、未来を信じ、より自分らしく生きていこうと変わっていくのです。「成長ノート」は、子どもたちの「心の芯」を確実につくるものです。

◇言葉で人間を育てる

「言葉を育てると心が育つ。心を育てたら人も育つ」

多くの言葉を獲得して、書いたり話したりすることができるようになった子どもたちは、深い思考ができるようになります。思っていること、考えていることをより豊かに表現できるようになります。書くことによって、内面を振り返り、整理することができます。

そして、友達とよりよい人間関係を築いたり、お互いの成長を促し合ったりすることができるようになります。

《子どもの言葉より》

> 「成長ノートとは、次からどう動いたらいいのかが分かって、目標をもって行動することができるノートです」

2 「成長ノート」に取り組む覚悟・ゴールに向けた 1年間の見通し（戦略）

◇私が「成長ノート」に取り組み続ける理由

「○○さんは、1年間ですごく成長したなあ」そんな子どもたち一人ひとりの成長が、誰しも嬉しいと思います。しかし私は、自信をもって「全員を成長させることができた」ということができませんでした。今までは、いろいろな児童がいて、いろいろな教師がいるのだから仕方がないと思っていました。でもそれは、私の勝手な言い訳で、逃げでしかありませんでした。そんなときに出会ったのが菊池省三先生であり、「成長ノート」でした。

　成長ノートを行うと、一人ひとり全員の心の成長と向き合うことができます。悩みも喜びも意気込みも、語り合うことで一人ひとりと向き合うことができるようになり、小さいながらも確かな成長を感じながら、日々の指導に生かすことができるようになりました。

　また、毎日書き続け読み合う中で、全員の語彙力、表現力、思考力が伸びます。自分の思いを、整理しながら豊かに語ることのできる児童が増え、子ども同士のつながりも深まったように感じます。

◇1年間の見通し

| 1学期 | 書くことを苦にしないようにする（質より量をほめる）
一人ひとりの行動をほめ、自尊感情を育てる（2・6・2の6を特に） |
| 2学期 | 書き方の工夫を身につけるようにする（ノートを紹介する）
関わり合いをほめ、広い視野を意識させる（2・6・2の上の2を特に） |
| 3学期 | 自分らしさを表現し合うことを楽しめるようにする（話し合いを取り入れる）
次年度につなげる思いをもたせる。 |

3 実践(平成28年度5年生1学期~3学期)

◇成長ノートの取り組み方
①「価値ある行動」について話す。(写真を見せながら)
　※その価値について話し合う。(3学期から)
②作文を書く。(4~5分)
③友達と読み合ったり、伝え合ったりする。
　※友達からコメントをもらう(2学期から)
④教師がコメントを書く。

> 1学期

> 書くことを苦にしないようにする(質より量をほめる)
> 一人ひとりの行動をほめ自尊感情を育てる(2・6・2の6を特に)

　毎日の「朝の会」での先生の話は、何を話されているでしょうか。私は朝の会で、前日にあった子どもの「価値ある行動」を紹介することにしています。1学期のある1日の話を紹介します。

「昨日、すごい人を見つけました。この写真を見てください。誰がすごいと思いますか。そうです。Kさんです。これは、昨日の係活動での遊んでいる時の写真ですが、ただ楽しむだけでなく、こんなに体が前のめ

りにしながら楽しんでくれたらうれしいよね。自然とその姿勢ができているKさんってすごいですよね。当たり前のようで当たり前にできない素晴らしい行動だと思いました。Kさんに拍手をしましょう。さあ、成長ノートに感想を書きましょう」

|ポイント1| 書く時間を決める

　4〜5分という短い時間で区切ることで、集中して取り組ませる。

|ポイント2| 書いている最中の教師のプラスの言葉かけ

・書き出しが速いっ!!

・もう○行も書いている、すごいね。

・なるほど、□□って思ったんだ、あったかい思いだね。

|ポイント3| 教師のプラスのコメント

・言葉の間違い直しに重きを置かない。

・その子のよさを自覚させるようなコメントや励ましのコメントを書く。

|ポイント4| みんなの前で行動を紹介して認める。

・1学期のうちに全員ほめることを目指す。

・心をこめてほめる(ちょっと大げさくらいが丁度よい)。

〈1学期の子どもの成長〉

　自尊感情の低い子どもたちは、とにかくほめられた経験が少ないです。当たり前ですが美しい行動

はたくさんあります。その一つひとつを取り上げてほめるだけで、子どもたちは日々の活動に意欲的になります。価値ある行動を伝えていくことで、正しい価値観が子どもたちの中に築かれていき、迷わず行動できるようになっていきます。また、書くことへも意欲的になります。書けば書くほどほめられるので、量も速さも成長し、書くことへの抵抗感がなくなりました。

〈1学期のテーマ例〉

・ポジティブ　・着手スピード　・細部にこだわる　・言い切り

・いい意味のバカ　・出席者ではなく参加者になる　・D語よりY語

・一流掃除　・陰日向なく　・再考力　・超一流の聴き方

・言い切り　・反応力　・白熱する教室　・心のきょりは体のきょり

[2学期]

書き方の工夫を身につけるようにする（ノートを紹介する）
関わり合いをほめ、広い視野を意識させる（2・6・2の2を特に）

　2学期といえば、大きな行事が必ずあります。私の学校では、海事研修に運動会、学習発表会と、1年間の大きな行事が全て2学期にありました。行事は、子どもたち同士が悩んだりぶつかったりしながら大きく成長するチャンスです。だからこそ、2学期は関わり合いを中心に、大切な価値観を伝えていきます。

「組体操は、1人ができても2人ができても、たとえ22人ができても、1人できない人がいれば決して成功しません。先生は、昨日のみんなの姿を見て感動しました。この写真を見てください。先生がどうして感動したか、分かりますか？そうです、自分ができて終わりではなく、友達に教えている姿、誘い合い支え合って練習している姿が美しかったからです。全員で成功したいという気持ちが伝わってきました。この写真ではないのですが、Oさんは倒立が上手ですよね。でも、毎日ペアの人と何度も練習しているんです。なぜでしょう。そう、ただ『できる』ではなく、さらに

上を…『最高の演技』を目指しているんですよね。みんなはどんな演技をめざしていますか。成長ノートに書いてみましょう」

　[ポイント1]　行事前・中・後で考えを書かせる

　成長ノートに書くことで、行事に対する意識を高めたり、意欲を継続させたりすることにつながる。

|ポイント2| 関わり合いを特にほめる
・人のために関わっていく行動
・自分の輪を広げようとしている行動

|ポイント3| 読み合いや伝え合い、ノート紹介で文章のレベルアップ
・会話文が入っていて様子がよく分かる
・数字を入れることで具体的になっている
・接続詞を使って、文と文の関係が分かりやすい

〈2学期の子どもの成長〉

自尊感情が高まってきた子どもたちは、人のために動きたくなります。成長した子どもから、どんどん友達を助け始めます。その行動が、また周りの友達に影響を与え、

成長を導き出す、自然とよい行動の繰り返しが続くようになります。そのようにプラスの関わりがプラスの関係を生み、クラスみんなで高め合う関係ができていきます。書くことは、考えを整理することです。毎日書くことによって、話す力も伸びてきます。語彙力が高まり、自分の思いをすばやく巧みに語ることのできる子どもたちが増えました。

〈2学期のテーマ例〉

・クラスで目指す色　・一緒懸命　・修造力　・真似したい人
・ありがとうの輪　・ありがとうプレジデント　・思う存分出し切る
・寄り添う　・困難は成功のもと　・だれかを責めるより自分を高める
・待たない実行力　・考動　・相手の表情を読む　・大黒柱

|3学期|

自分らしさを表現し合うことを楽しめるようにする（話し合いを取り入れる）。一人も欠けない全員での行動をほめる。次年度につなげる思いをもたせる。

3学期は1年間のまとめの学期であり、次の学年へつなぐ大事な時期です。係活動や6年生を送る会、最後のイベントなど、「自分たちで何か創りあげたい」という思いがいちばん強くなります。今まで成長してきた子どもたちを信じて任せる。そして一人も欠けずに取り組めたときに、心から喜びを分かち合い、次年度でも「自分たちならできる！」という思いをもってもらいたい。

「この写真は何の写真でしょう。」
→国語のスピーチのときに、全員で拍手をしていたときの写真です。
「いいところはどこですか。隣の人と話し合いましょう」
「全員ができるって素晴らしいことですよね。でも、一人も欠けず、全員ができるってすごく難しいことですよね。先生は昨日、感動しました。友達のスピーチを聞くときに、『みんな手を挙げて〜はくしゅ〜！』とすすんで声を出すMさん。それに、その声かけに素直に全員がのったこと。それも、その手の挙がり方が、すごいピンとしていて気持ちいいこと。何でこんなにできるのだろうと不思議に思ったくらいです。みんなそろうって、本当に気持ちがいいですね。でもそれって、みんながこのクラスを好きで、一人ひとりの意見を大切にしているってことですよね。さあ、どんな価値語が付けられそうですか」
（話し合い、決定してから成長ノートに取り組む）
　ポイント1　写真から自分たちでよいところを話し合う。
　　　　　　　・子どもたちの言葉でほめ合い、認め合う機会となる。
　　　　　　　・いろいろな見方でほめることができるようになる。

|ポイント2| 価値ある行動について話し合い、自分たちで価値語を付ける。
　　　　　・言葉を生み出す楽しさを知る。
　　　　　・自由に話し合い、高め合う機会となる。

〈3学期の成長〉

　3学期は、自分たちで言葉を生み出すことにも、話し合うことでより考えが深まることにも楽しさを感じるようになります。話し合いの中で意見が対立したとしても、人を大切にする気持ちよさを分かっているので、お互いを尊重し合いながらまとめていくことができます。そして、毎日成長について書き綴ってきたことで、一人ひとり全員が自分の確かな成長を自分の言葉で語ることができるようになっています。確かな成長を感じている子どもたちは、すでに6年生に向かってやる気満々です。

〈3学期のテーマ例〉
・6年を超える考動　・へばりつく集中力　・人動力　・北原拍手
・花沢認広くん　・ねば〜るWくん　・5C復活大作戦　・住宅地力
　など
※子どもたちが話し合って決めるので、面白い価値語がたくさん生まれます。

4 子どもたちの成長の事実

〈子どもたちの成長の実感〉（成長ノートより）
・成長ノートでみんなの良い所をたくさん書くようになって、「○○さん

みたいになりたい!!」「○○さんのようにみんなのために行動したい!!」と思うようになりました。この1年間、みんなと一緒にがんばってきて、自分は何ができるのか、何をがんばれるかということを考えて行動できるようになりました。(K・N)

・ぼくはすごく暗かったです。でもみんなや先生といっぱい関わり、自分からも関わり合えるようになり、今まででいちばん明るくなれました。中学生になったらほかの学校の人たちが入ってきます。今のうちに仲良くなることをもっと上手にしておきたいです。(K・T)

・僕は、ポジティブ力が格段に上がりました。成長ノートを書いていると、ポジティブ力とは何かがどんどん分かってきて、授業の時にも積極的にみんなと話し合いができるようになりました。それと、ポジティブ力が上がったことで、恥ずかしさの壁をぶちやぶれました。今までできなかったオーバーリアクションが思い切りできるようになりました。(S・K)

・自分に厳しくしていくと、いろいろなことをがんばることができるようになりました。成長ノートを書くことがなくなったとしても、今まで生み出してきた価値語を生かしてがんばっていきます。もうみんな、がんばっているので、僕もみんなと一緒にかんばっていくっ!!(A・R)

・成長ノートは、人と人とをつなぐものです。自分はいつもクラスの中心にいるけど、たまには一つ深呼吸をして、わき役になってみんなを目立たせることも大切だと思うことができるようになりました。そうすると、みんなが笑顔になって、僕はもっともっと笑顔になります。(W・M)

〈成長ノートに取り組んでよかったこと　3つ〉
① 書く力 ・意欲が格段に上がりました。作文や日記、毎日の振り返り

を書くとき、手が止まる児童がいなくなりたくさん書くことができるようになりました。友達が書いた内容を知ることで、文章の質がどんどん上がりました。ある保護者の方から、「今までは日記の宿題が出るたび書けなくて困っていました。でも今は、何も言わなくても自分でぎっしり日記を書いています。ありがたいです」と言っていただきました。

②子どもたちが 笑顔 になりました。確かな価値観をもち、ポジティブな行動をとる子どもたちは、共に支え合いながら今も学校で、毎日思いっきり笑っています。マイナスに考えるよりプラスに考えた方が楽しいものです。ある女の子は、「考え方を変えたら、イライラしなくなったから心が楽になった」と言っていました。成長ノートには、意欲と心のゆとりを生み出す力があります。

③私が、『一人ひとり違う、全員の成長を語る』ことができるようになりました。毎日成長ノートを読みながら子どもの成長と向き合ったことで、誰がどのタイミングで大きく成長したのかがよく分かりました。ノートに書かなくても、力のある教師であれば一人ひとりの成長を見届けることができるのかもしれません。しかし成長ノートは、教師だけでなく、子どもたち自身にも成長を感じさせることができます。

> 成長ノートは、根気と覚悟が必要ですが、誰でも確実に子どもたちを成長させることのできるノートです。

第2章 「成長の授業」を生む11の視点

⑪ 成長年表 非日常を価値付け 心構え1年間を通す

南山拓也（菊池道場兵庫支部）

1 ▶ 非日常を成長につなげる「成長年表」

　菊池実践の一つである「成長年表」とは、短冊に「日付」、「行事名」、「行事でめざすことの心構えや姿を表す言葉」などを書いて貼り出していくものです。学校生活の中の「非日常」である行事（学校行事や学級独自の取り組みなど）を短冊に書いて教室に貼り出す、いわば学級の1年間の成長の足跡を示すものです。

　菊池省三先生は、著書「挑む」（中村堂）で、「非日常のとらえ方」について、次のように述べています。

> 　私は、子どもたちを成長させるための一つとして、「非日常」を大切にしてきました。普段行っている授業や朝の会・帰りの会、給食、掃除といったもの以外は、すべて「非日常」です。この非日常の取り組みが、成長にとって大きなポイントになります。非日常は、普段指導していることの力試しの場として活用できると考えているのです。

　このことから、教師は「非日常」である行事を子どもたちの「成長のチャンス」ととらえ、活用していくことが大切であることが分かります。「非日常」である行事をやり遂げることで、子どもたちの中に新たな目標が生まれます。そして、見通しをもって、行動することができます。また、一つひとつの活動でどのような力をつけるのか、学級全体で共有しながら、「非日常」を成長と結びつけていくことができます。このように、「成長年表」は、効果的に1年間の学級の成長を振り返ることができる役割を担っているのです。

2 「成長年表」を取り組む覚悟とゴールを見通した1年間の見通し

　次に示すものは、私が今年度担任する学級のゴールを見据えた1年間の見通しを表した「グランドデザイン」です。

	4月	5月	6月	7月	9月	10月	11月	12月	1月	2月	3月
学校行事	始業式 入学式	授業参観①	春の遠足	研究公開授業	終業式	始業式	運動会練習	運動会	音楽会 終業式	始業式	巣立ちの集い マラソン大会	卒業式 修了式
学年・学級行事	出会い	校区探検	校外学習①	新体力テスト アウトリーチ		運動会練習②	運動会練習③	音楽会練習	マラソン大会練習 校外学習③	野鳥観察	校外学習④
戦略・しかけ	成長ノートリセット	価値語ミニ授業	対話授業①	白い黒板①	成長を祝う会 黒板メッセージ	ハロウィンパーティー 対話授業②	白い黒板②	クリスマス会 サンタ対話授業③	白い黒板③ 価値語甲子園①	対話授業④ 価値語甲子園② バレンタインデー 白い黒板	成長を祝う会 ホワイトデー 白い黒板 炎の十番勝負

表　1年間を見通した「成長年表」のグランドデザイン

　私は、「成長年表」を1年間継続して取り組むにあたって、「非日常」で成長する子どもたちの姿をイメージすることを大切にしています。その実現のために、綿密に「いつ」「何を」「どのように」仕掛けていくのか、どのように子ども同士の関わりを生むのかなどを企画していきます。また、「成長年表」をより成長につなげるために、菊池実践を代表とする「価値語」や「成長ノート」などとつなげて取り組んでいます。そして、「成長年表」を通して、子どもたちの心構えをつくるとともに、子どもたちと教師の縦糸と、子ども同士の横糸を紡ぎ、自信と安心感があふれる学級づくりをめざしています。

3 「成長年表」で非日常を価値付け、心構えを1年間通す実践（平成28年度3年生1学期〜3学期）

> **1学期のビジョン**
> 教師が中心となり、「非日常」を通して子どもたちを成長につなげる

1学期は、どちらかと言えば教師が中心となって、子ども同士をつなげたり、まとめたりする時期だと考えています。また、教師が中心となり、「非日常」を通して、子どもた
ちの成長につなげていく学期でもあります。それは、温かい学級の土台となる人間関係づくりをめざすためです。

「成長年表」は、「非日常」を子どもたちに「成長のチャンス」と意識づけるはたらきをもちます。例えば、始業式や学年集会、全校朝会などに対して、子どもたちはどのような意気込みで参加しているでしょうか。おそらく大多数の子どもたちは、単なる行事の一つとしかとらえず、受け身の姿勢で参加している場合が多いことでしょう。そのような姿勢であれば、成長のチャンスの「非日常」であっても、子どもたちの成長は期待できません。だからこそ、「成長年表」で日付・行事名・価値語をセットで示し、「非日常」を子どもたちが成長のチャンスととらえられるようにします。また、「成長ノート」と連携し、心構えをつくっていくことも重要視しています。「成長ノート」を通して、PDCA（「Plan（計画）・Do（実行）・Check（評価）・Action（改善）」）を適宜行うことで、活動の成果と課題を明確にすることができます。

コーチングディレクターの中竹竜二氏は、著書「指導者の『指導者』が教える　先生の力を最大限に引き出すメソッド」（東洋館出版社）の中で、次のように述べています。

> 具体的には、明確な目標に基づいた計画があり、それに対する綿密な準備がある。そして、現場に適応した本番があって、改善に向けた適切なふり返りがあることです。これが、人を成長させるサイ

> クルとなっています。
> 活動における PDCA を行うことで、個の成長や集団の成長につなぐことができるといえます。

 このように、「成長年表」を活用し、「非日常」に対して見通しをもたせ、自らの目標を設定したり、振り返りを行ったりする時間や場を教師が設定します。そうすることで、「非日常」と子どもたちの成長をつなげることが可能となります。

実践（1）　1学期の成長を示す「白い黒板～1学期を振り返って～」

「成長年表」に「**7/19（火）第1回成長を祝う会・白い黒板①成長**」とあります。「成長を祝う会」と名づけたイベントを行い、学級全員で学習ゲームをしたり、成長したことを出し合ったりしました。最後のプログラムとして、子どもたちと一緒に1学期の成長を振り返る「白い黒板」を実施しました。初めての活動にも関わらず、1学期に自分や学級が成長したことを振り返り、板書しました。黒板を埋め尽くす文字を見て、自分たちの成長を感じることができました。「こんなに自分たちの字で黒板が埋まると楽しいなあ。またみんなでやりたい」と興奮気味に話す子どももいました。

> **2学期のビジョン**
> 「非日常」を通して、子ども中心に学級集団の力を高める

 2学期は、運動会や音楽会、図工展といった「非日常」がたくさんあ

る学期です。つまり、子どもたちにとって「非日常」の連続である２学期は、成長のチャンスがあふれている学期だということができます。１学期は、教師が中心となって子どもたちとの縦糸を紡ぐとともに、子どもたち同士の横糸も紡いできました。そして、温かい学級の土台となる人間関係も構築されつつあります。

　２学期は、少しずつ子どもたちが中心となって、学級を動かすことができるようにシフトチェンジしていきます。そして、学級の集団力を高めることをめざしていきます。

（２）「思いっきり楽しむハロウィンパーティー」

「先生、ハロウィンパーティーがしたいです」

　学級の子どもたちから出た言葉です。「時は来た」と思い、この言葉をきっかけにハロウィンパーティーに向けて、子ども中心にイベントの計画と準備が始まりました。「ハロウィンパーティーで何をみんなでするのか」「どうすればみんなが楽しめるのか」など、子どもたちが積極的に意見を出し合い決めていく様子が見られました。これまであまり見られなかった姿でした。

「ハロウィンだから、みんなでコスプレしたら盛り上がりそうだね」

「みんなでゲームをしたらおもしろそう」

　など、考えている最中も子どもたちからわくわくしている様子が伝わってきました。そして、ハロウィンパーティー当日です。それぞれに用意した衣装を着て、イベントがスタートしました。自分たちの力で企画してきたこともあって、イベントは終始笑顔であふれていました。自分だけが楽しむのではなく、友だちと一緒に楽しむ子どもたちの様子がたくさん見られました。成長を感じるとともに、思いっきり楽しむことの

よさを味わうひとときとなりました。このイベントは、「成長年表」に「10/31　ハロウィンパーティー　思いっきり楽しむ」と刻まれました。

（3）「音楽会に向けて」

　12月3日に音楽会が行われました。子どもたちにとって、2年に1度の音楽会です。私は、学級としても子どもたち一人ひとりにとっても、「この『非日常』をさらなる成長の場にしたい」、「子どもたちが目標をもって主体的に取り組んでほしい」という願いをもっていました。そこで、音楽会のキャッチコピーづくりをすることにしました。各自で音楽会にふさわしいキャッチコピーを考え、投票して決定するという活動です。子どもたちの中には価値語を入れたり、短い言葉で目標を明確にする工夫をしたりする様子が見られました。投票の結果、Kさんが考えた「合心笑（あこえ）の音楽会」がキャッチコピーに決まりました。「合心笑（あこえ）」とは、「（音を）合わせて・心（を一つに）・笑顔（になろう）」という意味の言葉です。この3つを合言葉として、音楽会をみんなでよいものにしたいという願いを込め、作られた言葉です。キ

ャッチコピーが決まってから、子どもたちは苦手な子に寄り添って教えたり、休み時間に楽器練習に打ち込んだりするなど、音楽会練習に励む姿が見られました。学級全体で一つになっていく感じがしました。

　音楽会では、最高の演奏を披露することができました。「成長年表」には「12/3　音楽会　合心笑（あこえ）」と刻み込みました。

> **3学期のビジョン**
> **「非日常」を通して、個の成長に還す**

　3学期は、「4年生0（ゼロ）学期」として、次の学年に向けた準備期間という意識をもたせることが大切だと考えます。「どのような自分に成

長したいか」という夢や目標をもつことで、その姿の自分を追究しやすくなるからです。また、3学期を「まとめの学期」として、1年間の締めくくりを意識し、「非日常」を通して個の成長に還すことも大切であると考えています。

（4）白い黒板「4年生の始業式の日に言われたい言葉・言われたくない言葉」

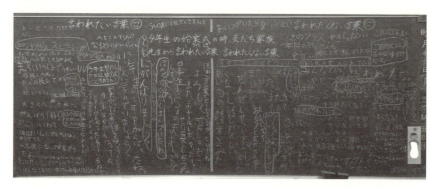

　私は、3学期を「4年生０（ゼロ）学期」として、さらに子どもたちの成長を促したいと考えていました。そこで、「4年生の始業式の時、友達、家族、先生から言われたい言葉・言われたくない言葉」について考えることにしました。「自分のめざすべき姿や目標を明確にし、『０学期』を有意義な時間にしてほしい」と願うからです。黒板を埋め尽くした言葉は、全部で73個ありました。すべてを書き出し、プリントにして子どもたちに配布しました。

成長ノートには、自分がどのような姿をめざすべきなのかを自問自答する内容が書かれていました。また、言動を意識して変化する姿も多く見られるようになりました。

(5) 係が主催して「価値語甲子園」の開催

　学級の係活動に「価値語係」という係があります。活動内容は、自発的に作ったり集めたりした「価値語（価値ある言葉・人間社会で生きていくために大切な価値を象徴する言葉）」をみんなに紹介することです。「価値語係」のおかげで、朝の黒板には素敵な言葉が毎日あふれています。

　その係が主催者となって、「価値語甲子園」を開催しました。それぞれが考えた価値語を板書し、よいと思う言葉に一人３票を投票します。投票の多かった３作品を学級の価値語にするという活動です。投票の結果、①**だるま力**（諦めないで何度も挑戦する力）②**スマイル**（どんな時でも笑顔でいること）③**チーター力**が選出されました。中でも、３位になった「**チーター力**」は、チーターが狩りを群れでは行わずに単独で行う習性をもとにして、「何事にも自分の力で取り組むことの大切さ」を意味づけしてできた価値語です。

　この言葉を考えたＦくんは、学習にあまり積極的になれない子でした。これまで周りの友達に支えられてきたところが多かったような子です。しかし、この１年を通して、自分でできることが増えてきました。苦手だった漢字や計算も毎日欠かさず練習する姿勢が確立しました。苦手だった人前で話すことにも挑戦し、立候補して「巣立ちの集い」の代表になりました。自分が考えた「チーター力」という価値語に、どんどんと

近づこうとする姿に大きな成長を感じています。「成長年表」には、「1/16　価値語甲子園　言葉が人を育てる」と記されています。

4 「成長年表」を通して見られた子どもたちの成長の事実

○「非日常」に対する心構えの変容

「成長年表」を通して、4月から子どもたちに「非日常」を一つひとつ価値付けてきました。また、「パワーアップノート」を活用して、目標設定や振り返りを繰り返し行いました。そうすると、子どもたちの「非日常」に対する意識に変化が表れるようになりました。目的意識があるからこそ、「その場にふさわしい行動はどのような行動か」を考え、行動に移すようになりました。例えば、話の聞き方や学び方、拍手をするなど、様々な部分に意識する姿です。「非日常」に対して「出席者（受け身）」ではなく、「参加者（主体性）」であるから、行動や取り組み方に変容が見られます。「非日常」

相手を讃えるために「本気の拍手」をする子どもたち

その場にふさわしい自分にできる良い姿で座る子どもたち

をゴールとせずに、次へのステップ、あるいは、通過点ととらえるからこそ、成長し続けようとする姿勢が育つのです。

　子どもたちの変容に、価値語指導も大きく影響しています。菊池先生はよく「言葉で人を育てる」とおっしゃいます。「成長年表」とセットになっている価値語が、子どもたちの「非日常」に対する意識の変容を生み出していると考えています。

○学級の成長する伸びしろを意識する

　「成長年表」は、学級の1年間の成長の足跡を示すものです。そのため

にも、教師が1年間の見通しをもって「非日常」の指導をすることが重要です。「非日常」

右の空白部分には学級の成長の伸びしろがある

が「成長のチャンス」になるように仕掛けていくことも欠かせません。「非日常」で見られた成長を記した短冊を「成長年表」の模造紙に貼り出していく中で、まだ貼られていない空白の部分があります。菊池道場の仲間と、「もしかするとこの空白部分は、学級の成長の伸びしろだと考えることができるのではないか」という話になりました。子どもたちは、まだ貼られていない部分にどのような成長が記されるのかを想像し、理想の姿を追い求めて「非日常」に挑む姿があります。そのような未来志向のとらえ方ができるのも、「成長年表」のもつ効果なのではないかと考えています。

○うれしそうに学級文化について語る子どもたち

　初任者研修を対象とした公開授業を行った時のことです。休み時間に学級の子どもたちと初任者の先生が談笑する様子がありました。後ほど、どのような話をしたのかと初任者の先生に尋ねると、子どもから「成長年表」のこと、「価値語」のことなどを嬉しそうに説明してもらったとのことでした。「成長年表」は、学級史を示すものです。学級で取り組んできたこと、個と集団が「非日常」でどのような成長をしてきたのか、振り返ることが可能です。子どもたちにとって、学級の取り組みに対して、胸を張って人に伝えるほどになっていることが分かりました。このことから「成長年表」には、子どもたち自身が取り組んでいることに対する自信と、自分の学級に対する誇りをもつことができる効果があるといえます。「成長年表」は、他の菊池実践をつなげ、それぞれの効果を高めているといえます。また、子どもたちの成長の事実が示す「成長年表」は、大変奥深い実践であることが分かります。

第3章 「成長の授業」を創る ～実践篇

| 第3章 | 「成長の授業」を創る　〜実践篇 |

「ほめ合うこと」のその先へ
自己開示しながら成長する教室

中國達彬（菊池道場広島支部）

■「夢がよく分からなくなりました」

　11月、ある女の子（Aさん）が自主学習ノートにこんな作文を書いてきました。

> 11月27日
> 夢①
> 私は、今夢がありません。いろいろな人から聞いて、こうなった方がいいのかなという感じでずっとやってきたので、夢といっても、大人になった時に「お金がかせげないとこまる」といった事から、薬剤師になった方がいいのかなと思ったりしています。これは、ほんとうに夢かよく分かりません。それに「薬剤師より建築士の方がいいのかな」と思ったりして、夢がよく分からなくなりました。どうすればいいと思いますか。夢がないままやっていくのも変だと私は感じるのですが、先生はどう思うか、ぜひ教えてください。

　私の学級（6年生）では、1年の中で何度か「将来の夢」をテーマにした授業を行ってきました。例えば、図画工作科では、十数年後に社会で活躍している自分を想像して人形をつくり、道徳の時間では大きな夢に向かって努力する人物を取り上げて学びました。6年生くらいになると、家族や友達との会話の中でも「将来何になりたい？」といった話題が増えてくるのかもしれません。彼女は、自分の将来像に真剣に向き合う中で、今考えている「夢」が本当にこれでよいのか不安になり、作文を書いてきたようです。

■「この作文、みんなに読んでもいい？」

　それから二週間後、Aさんは再び作文を書いてきました。

> 12月9日
> 夢②
> 　①で、私は、夢はないといいました。今でも夢は、ありません。質問があるので聞きます。夢って、自分が楽しい（と思う事）や、好きと思う事をやるものなんですか。そういうものがなく、いまいち夢がないまま、生活をしていて、だいじょうぶなんでしょうか。そこがよく分かりません。私は今まで夢は、お金のこととかを考えて、周りの人から言われた「薬剤師」になった方がいいと思っていました。これは夢なんでしょうか。夢とはどんなものなんですか。教えてください。

　この後、私は彼女を呼び、「この作文、みんなに読んでもいい？」と聞きました。すると、しばらく考えた後で「はい、いいです」と答えてくれました。

　彼女が日直（主人公）の日の朝、私は、学級の子どもたちにこの作文を紹介しました。そして「最後の質問、みんなはどう思う？自分なりの答えをＡさんに伝えてあげよう。自分もよく分からないなあという人は、その思いをそのまま文にして、感想をおくってあげよう」と言い、一人に一枚ずつ小さな付箋紙を配りました。

　その後、子どもたちはＡさんへのメッセージを書き、一人ずつ彼女の元に、メッセージを手渡しに行きました。

２回目の作文

メッセージを受け取るＡさん

■「一緒に夢を見つけていきたいと思います」

　付箋紙には、どれもＡさんの思いに対するコメントがびっしりと（裏まで）書かれていました。Ａさんは休み時間にそれら一枚一枚に丁寧に目を通し、友達の思いを受け取っていました。

　その日、ほめ言葉のシャワーを浴びたＡさんは、全員の前で次のように語っています。

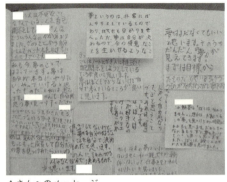
Ａさんへのメッセージ

> ほめ言葉をもらって感想が３つあります。１つ目は、「自己開示ができていますね」と書いてもらったり言ってもらったりしました。私が夢のことなどを言えたのは、このクラスが初めてで、今までは嘘をついて「あるよ」と言っていたので、このクラスが言っても「えー」とか言われないおかげで言えました。ありがとうございます。２つ目は、私と同じで「夢がないです」などと書いてくれた人がいて、とても嬉しかったです。これから一緒に夢を見つけていきたいと思います。よろしくお願いします。３つ目は夢のことじゃないんですけど、日直カードをかけるじゃないですか。ほめ言葉の時にそれを見て、「こういうことが好きなんですね」などということも言ってくれた人がいたので、見てくれていることが分かって嬉しかったです。ありがとうございました。

　勇気を出して自己開示したからこそ、それを肯定的に受け入れてもらえた喜びは大きいようでした。

　ネガティブな思いも、自己開示できる。

　ネガティブな思いも、受け容れてもらえる。

感想を語るＡさん

　そんな安心感に支えられて自己開示ができたことは、彼女の中で、自分の夢や将来に向き合い直すよいきっかけになったようです。

■何のために「ほめる」「ほめ合う」のか

「ちゃんとシメとかないと、子どもたちにナメられるよ」「ほめてばっかりだと、『この先生はこれくらいでいいんだ』って思わせてしまうよ」。そんな言葉に焦りを感じ、必要以上に高圧的な態度で子どもに接したことがあります。

「子どもって、ほめてくれる先生の言うことを聞くものよ」「子どもは上手にほめて動かすのよ」。そう言われて、子どもや集団を自分の都合に合わせて動かすためだけに、「ほめる」を意識したこともあります。

どちらも結局は、子ども（集団）を管理・統率するためだけの「ほめる」「叱る」だったのでしょう。子どものためではなく、自分のため…。今思えば、そこに「子どもたち一人ひとり、あるいは集団全体を成長させたい」といった強い思い・覚悟はなかったのかもしれません。

何のために「ほめる」「ほめ合う」のか。「ほめる」「ほめ合う」ことのその先に、教師はどんな子どもたちや教室の姿を描くのか。

菊池実践との出合いは、そんな問いとの出合いでもありました。ここからは、これらの問いに対する一つの答えとして、私が教室の子どもたちの姿から考えたことです。

■自己開示は成長の証

個や集団が成長すると、ある段階でお互いの自己開示が始まります。自分の"事実"だけでなく、"考え"や"感情"に関する部分も表現できるようになります。そして、ポジティブな内容だけでなく、迷いや不安といったネガティブな内容も含むようになってきます。私は、子どもたちの成長を考える上で、この「自己開示」に着目してみることはとても意味があるのではないかと考えています。

「6の1のせいでネガティブになり、6の1のおかげでポジティブになった」

映画『挑む〜白熱する教室〜』の中で、菊池学級の佐竹さんが語るシーンがあります。不安や後ろめたさも含めた自分の思いを一生懸命に表

現する佐竹さんの姿、そして、そんな彼女をありのままに受け容れる周りの子どもたちの姿に「成長」を感じる印象的な一瞬です。

「自分の成長」や「自分と集団とのつながり」に自信がない状態で、佐竹さんのような自己開示はまずできないでしょう。その子の中で、自分の成長に自信をもち、この集団（相手）なら自分の価値を認めてくれるという安心感が育っている状態だからこそ、このような自己開示もできるのだと思います。さらに、この時の佐竹さんは多くの人が集まる公の場で、自分の思いを語ることが、さらなる自分の成長にもつながると思いながら（信じて）話しているようにも見えます。

自分の思いに誠実に向き合い、その思いを自分らしく堂々と語ることができる佐竹さんの姿。そして、それを受け容れる周りの子どもたち。そこに私は「ほめる」「ほめ合う」ことの先にある教室の一つの具体的な姿があるように思います。自己開示とは"成長の証"であり、"次の成長につながるきっかけ"なのかもしれません。

では、私の学級のＡさんの場合、彼女の自己開示には、１年間のどのような取り組みが影響しているのでしょうか。ここでは大きく３つの視点から考えてみたいと思います。

■視点①「１年間の見通しを立てる」

１つ目は「１年間の見通しを立てた」ということです。まず私は、学級づくり・授業づくりを考える上で大切にしたいことを、行事や各教科の単元等と関連づけながら整理していきました。菊池実践は、それぞれの取り組みが総合的・複合的に絡み合うことで、相乗効果を発揮します。ですから、あらかじめこうした表に整理しながら、どの時期に、どのようなゴールイメージをもって各取り組みを関連づけていくかという戦略を立てていきました。

１年間の見通しは子どもたちとも共有しておくといいのかもしれません。私の学級の子どもたちにとって「成長曲線」は欠かすことができま

せんでした。子どもたちは常に「成長曲線」に立ち返りながら自分の過去・現在・未来を見つめ直すことができました。ですから、ネガティブな出来事が起こっても、最終的には成長に向かって前向きに考えていこうとする構えをつくる

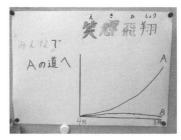

ことができていました。Aさんの場合も、学級全体が「成長曲線」を大前提として日々生活しているということが分かっていたからこそ、自己開示しても大丈夫だという安心感を抱くことができていたのでしょう。

見通しを持つための計画表（一部）

■視点②「不可視の部分に注目する」

2つ目は「不可視の部分に注目した」ということです。

私の実践の柱は、次の3つでした。

①価値語　②成長ノート（作文指導）　③ほめ言葉のシャワー

1〜2学期の頃、私は「黒板の5分の1」を使いながら積極的に価値語を示していきました。そして、成長ノートを中心とした作文指導の中で、「言葉を使って自分を表現すること」「教師や友達とつながること」の楽しさや喜びを繰り返し経験させました。ほめ言葉の

シャワーでは、「face to face でコミュニケーションをとること」の面白さ、心地よさを大切にした指導を行ってきました。

　成長ノートもほめ言葉のシャワーも、最初は一方向的に表現して終わるということがほとんどでした。しかし、繰り返しているうちに、そこに「キャッチボール」が生まれ始めました。例えば、成長ノートでは、教師のコメントにさらにコメントを書いてくる子が現れました。ほめ言葉のシャワーでは、ほめてもらった側が「ありがとうございます」と言う言葉にニコッという笑顔を加えるようになりました。笑顔は、やがて握手やハグ、ほめ返し、全員への手紙へと発展していきました。ほめてもらう側だけでなく、ほめる側も「〜してくれてありがとう」「〜してくれてうれしかったです」といった言葉で自分の気持ちを伝えるようになりました。子どもたちは、「〇〇力がありますね」「〇〇ができていると思います」といった言葉で自分の姿や行為を価値付けてもらうだけでなく、「〜してくれてありがとう」や「（私は）あなたの〜できる姿にあこがれています」といった、普段は見えない（不可視の）その子らしい"考え"や"感情"を伝えてもらうと、さらに喜びが増すようでした。

　こうしたことができるようになってきた頃、私は一人ひとりの内面（エピソード）を取り上げて学級全体で話をすることが多くなりました（事前に本人の了承を得ながら）。例えば、一人の子の成長ノートから読み取った「4月の頃と比べての変容」「その子の学校以外での姿」「その子の目標や夢」「実は悩んでいる、不安に思っていること」などをその子に代わって話すことがありました。

「自分のことを自分の口からは話しにくい。でも、みんなに知ってもらいたくないわけじゃない」

　教室の中にはそんな子がちらほらいました。最終的には自分の気持ちを自分の言葉で言えたらいいなとは思っていましたが、最初は私がそんな子たちの思いを「代弁」しながら、個と集団をつなぐことがありました。

　子ども同士の関係において、"学校外での姿"や"ライフヒストリー"

もある意味「不可視」です。お互いのそんな「不可視」の部分を知ることは、言い換えれば、相手についての新たな気づき・発見であり、より豊かで結びつきの強い関係性につながるきっかけになるものでもあります。不可視の部分に着目し、そこを教師がつなぐ。Aさんの自己開示にはこの点も大きく影響しているように思います。

　Aさんは自己開示からしばらく経ってこんなことを話しています。

> 教師「どうしてあの時、（作文を紹介しても）いいですって言ったの？」
> Aさん「今なら言っても、このクラスなら大丈夫だろうなと思ったからです」
> 教師「このクラスなら大丈夫だと思ったんだ。それってどうして？」
> Aさん「<u>今までも（先生が）他の人の自主（ノート）とかを読むことがあったけど、それでもだれも『えー』とか言わずに受け止めて、自分のこととして考えてくれたからです</u>」

　＿＿部分にもあるように、私が「作文、読んでもいい？」とAさんに声をかけた時、彼女の中では、作文が読まれても、今までのように、誰かがそれを拒否したり軽蔑したりすることはない、という思いはもっていたのだろうと思います。

■視点③「自己開示のきっかけをつくる」
　3つ目は意図的に「自己開示のきっかけをつくった」ということです。実は、Aさんよりも前に、すでに何人かの子が教室の中で勇気ある自己開示を行っていました。その中の一人がBさんでした。
「あのこと、みんなに話してみたら？」
　10月。Bさんがスピーチを行う数日前、私は彼女に声をかけました。
　Bさんは5月の運動会で応援団長を務めました。ところが、団員をうまくまとめることができず、結局、団長として後ろめたさを残したまま

本番を迎えることになってしまいました。運動会は無事終わりましたが、Bさんの中には、それからもこの時のことがずっと苦い経験として残っていたようです。以来、彼女はこの後ろめたい気持ちを、心の中に「封印」して過ごしていたそうです。
「無理しなくていいからね。嫌だったら別のこと話せばいいよ」
　そう声をかけた後、彼女はしばらく悩んでいました。
　スピーチ当日、みんなの前に立ったBさんは、言葉を詰まらせながら話し始めました。

> 私の苦手なことは、運動会で応援団をしたことです。私は応援団をすることがイヤになりました。（省略）でも一度やろうと思ったので、最後までやろうと思ってがんばりました。でも、あんまり思い出したくなくて、ずっと笑ったりしてました。でも先生に「話してみたら？」と言われて、話すことにしました。聞いてくれてありがとうございました。

「封印」していた思いがよみがえったのか、途中何度も涙でスピーチが止まりました。教室はそんな彼女の姿を前に静まり返っていました。スピーチ後、一人ひとり彼女へのメッセージを付箋紙に書いて手渡しました。

> 【メッセージ①】ぼくは今までBさんがそんなことをかんがえながら生活をしていたなんてしりませんでした。すみません。でもBさんはそんなことも顔にださないようにいつも笑顔でいれていたのがすごいなと思いました。

> 【メッセージ②】うまく言葉でかくことはできないけど、あのときみんなの前でスピーチを最後まではなしたBちゃんは本当にすごいと思います。「自己開示」の本当の意味は今日のBちゃんのことをいうんだろうなと思いました。いままでずっと心の中でひっかかっていたのにいつもわらっているBちゃんをみていたらそんな気持ちにも気づいてあげられなくて少しもBちゃんの気持ちに寄りそってあ

げられなくてごめんね。これからなにかあったらなんでもわたしに相談してね。わたしにできることならなんでもします。ポジティブなBちゃんがわたしはだいすきです。

　Bさんのケースのように、私は個や集団の成長（関係性）をじっくり観察した上で、あえて一人に全体の前での自己開示を促すこともありました。教師による「代弁」も行いますが、やはり本人が語る言葉の重みには勝てません。特に、ネガティブな内容を含む自己開示は、本人が語ることに大きな意味があるように思います。言葉は整っていなくても、詰まりながらでも、自分の内側と真剣に向き合い、必死で言葉を選び、探しながら、何かを語っている（語ろうとしている）姿は、技術云々とは違う次元で、個や集団の変容につながると思います。Aさんの中でも、おそらくBさんの自己開示は何か心に響くものがあったのではないでしょうか。

　Bさんの自己開示後、「自己否定」という言葉が一つのキーワードになりました。「人は、ある程度のところまで成長すると、次の成長に向けて今までの自分を一回否定しなければならない時が来る。Bさんは応援団長を経験したことで、自己否定する場面に出会った。だから、きっとこの経験はBさんにとって成長につながるはず」。子どもたちにはそんな話をしました。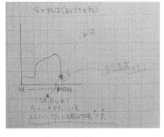

　このように一人の自己開示は、本人はもちろん、集団全体にとっても大きな学び（成長）につながります。

　「ほめること」「ほめ合うこと」の先に豊かな関係性があり、その先に一人ひとりの自己開示がある。そして、その自己開示がさらなる個や集団の成長につながっている。私は「ほめること」「ほめ合うこと」のその先に、そんな教室の姿を描いています。

第3章 「成長の授業」を創る　〜実践篇

信頼が成長を生む教室

丹野裕基（菊池道場東京支部）

■教室の空気をつくる

「教室の空気（雰囲気）が成長を大きく左右する」と強く感じます。

教師の立場から見ると、この教室だからできる指導もあれば、当然その逆もあるということです。成長を生む教室をつくるために、「この仲間とだから頑張れた」と子どもたちが力を発揮しやすい学級をつくりたいと思っています。そのために、前章で紹介されていた各実践を行いながら、子ども同士をつなぎ、学ぶ土台をつくっています。

この笑顔から、どのようなことを感じるでしょうか。学級で行っているほめ言葉のシャワー。友達から言葉を贈られているときの表情です。見ている教師まで幸せな気持ちになります。このような安心感のある教室に、成長のきっかけがあふれていくのではないでしょうか。私の学級では、このような教室の空気をほめ言葉のシャワーや質問タイムといった実践が支えています。

■成長は、教室への信頼から

授業の時、教師の発問に正対しない答えを言ってしまった友達を笑ったり馬鹿にしたりする教室があります。一見、笑顔が見られて和やかに見えるかもしれません。しかし、このような教室で学ぶ子どもは、「失敗はしてはいけないんだ」「笑われるぐらいなら発言はしたくないな」という失敗を恐れる気持ちを学び続けていきます。全力を出さずに笑って誤魔化し、「今は本気じゃないんだ」といったような空気をつくる子も出てくるかもしれません。この状態のままでは子どもは成長しようとはしま

せん。自分の限界に挑んでいかないのですから、学力も伸びていきません。仲間と学ぶよさも感じることができません。自分の考えをもつことさえしようとしないかもしれません。話し合うことの楽しさを実感できる教室を目指し、授業や学級での取り組みを通して、仲間を信頼し、素直に考え、自分の考えを伝えることに躊躇しない集団を育てています。

次に紹介するのは、ある女の子の手紙です。ここに書かれているのは、仲間に感じた感謝や信頼を表す言葉です。このような仲間への信頼は、温かい教室の空気の中で過ごす毎日の中で、生まれていきました。

Aさんは運動会当日の朝、御両親と一緒に職員室を訪ねてきました。首にはテーピングをしており、首を痛めてしまったと言うのです。前日練習までの演技を変更し、負担のかかる可能性のある技は直立して待機するという、けがの程度に合わせた参加とさせました。

「自分と仲間を信じて心を燃やせ」

私は、組体操に出られないと思ったとき、自分のことしか考えずにいました。だから、自分が出られないことを悔しく思いました。自分、自分でいました。でも、運動会当日、私が出られないことを知ったときのみんなの言動は、「自分のため」でなく「クラス全体のため」を考えて動いてくれていました。

例えば、騎馬戦のとき、もともと大将戦に出るはずのなかった人が私の代わりに出ると言ってくれたり、大丈夫？と言って心配してくれたりしました。さらに、「Aちゃんの分も頑張ってくるから」と言ってくれた人もいたのです。組体操では、一生懸命練習をしてきた技ができなくなってしまったにもかかわらず、文句一つも言わずにできない技のときには笑顔で直立してくれました。しかも、メンバーを急に変更してでも、私が負担にならない場所に入れてくれました。予定していた技と違う技をやろうと提案してくれ、それに対して謝ると、「一つの技をやり続ける方がきれいだよ」とまで言ってくれたのです。リレーでは、急に出場することになり、大変だった

> にもかかわらず「頑張ってくる！」と笑顔で言ってくれました。大玉送りでは三回連続で走ってくれた仲間もいました。

　困ったときに助けてくれた仲間の言動に、改めて感謝と信頼を感じたようでした。こうして信頼できる仲間とならば、成長の授業をつくることができると思うのです。手紙は、以下のように続きます。

> 　友達は「大丈夫？」と心配してくれ、「何かやろうか？」と言ってくれました。急な変更に文句も言わず、代わりをやってくれ、笑顔でいてくれ、助けてくれたのです。練習してきたことができなくなり、積み重ねてきた努力が本番で見せられなくなっても、みんなでできることが優先と言ってくれました。とっても信頼できる友情。私はこのとき、改めて実感したのです。自分のことより、クラスのことを考えられる心のある仲間に出会えて、私は幸せだと。
> 　「自分と仲間を信じて心を燃やせ」6年生と運動委員会で考えてくれた今年の運動会のスローガン。仲間を信じる、そして自分を信じる。心を一つにして最後まで一生懸命やる。私は、出るはずだった競技に出られないものもあったけれど、できるだけのことは、丹野先生と校長先生、クラスの仲間のおかげでできたと思います。だから、今年のスローガンはしっかりと達成できたと思います。そして、自分で書いた目標である、「一生懸命」という価値語（目標）も達成することができました。仲間は私がピンチのとき、助けてくれたのです。だから、今度は私が、困っている人にとっての力になりたい。昨日助けてくれた仲間に感謝しています。平成28年10月3日（日）

　1年間の中で、このような信頼を子どもたちが実感できる指導が、本書の前半で各先生が書かれている実践につまっています。対話・話し合いを中心とした授業が可能になるのも、学級の信頼関係が出来上がっているからこそです。

　信頼とは、友達や教室に対するものだけではなく、必ず成長できるという未来の自分への信頼でもあります。「成長するAの道」を選択し、価値語指導を中心としたモデルや言葉を獲得できるような指導を続けるこ

とで、自分を成長させようという意欲をもち続けることができるのです。

■信頼の教室をつくる

　相手を思いやる気持ちがまだ十分でない４月から、少しずつ以下のような取り組みを行いました。取り組みを始める上で、次の２つを学級で確かめてから指導を行いました。

　①「１年間成長し続けるＡの道にみんなで進もう」
　②「できたか、できていないかではなく、伸びたか、伸びていないかを大切にしよう」

　いい意味で過去を引きずらない指導が、信頼を生んでいきます。

◎価値語の指導

　学級が始まって数日後。４月17日の成長ノートです。子どもから価値語第一号「毎日が吉日」が生まれました。翌日の指導で、「学級全員にとって吉日とは？」「吉日をつくるためには？」ということを話し合い、１年間の大きな見通しをもたせました。

菊池省三先生は、「安心感のない学級では、子どもがほめられることを受け容れられない。なぜほめられるか、なぜその行為が大切か、その価値が分かって初めて意味ある指導になる」とおっしゃいます。「言葉だけ」を押し

つけるのではなく、意味付けをしながら、子どもたちの軸になる言葉の指導をしていきました。この写真は初めての委員会活動が始まったとき、責任をもって役割を引き受け、やり遂げた子のことを紹介したものです。

　道徳では、資料（「待合室でであった少女」）を使って話し合った後、展開後段で左の写真を提示し、「Bさんは、なぜ下級生と手をつなぐことができたのだろうか」と話し合いました。価値を学んだ後、写真を使って実感のある学びにしていきました。

◎ほめ言葉のシャワー

　5月1日に行われた離任式で3年生の時に担任していただいた先生にほめ言葉のシャワーを贈ろうという取り組みからスタートしました。この日から約1年間をかけて、温かい言葉を贈り合いました。本番開始までに指導したことは3つです。

①一人15秒で端的に話すこと。
②出席番号順に次々に立って言葉を贈ること。
③内容は自分だけが知っている先生の素敵なところ、ありがとうと伝えたいことを贈る。
　簡単な練習とリハーサルを行い、当日を迎えました。子どもたちの気

持ちがこもった言葉に、教室全体が涙で温かい雰囲気で実施できました。ほめ言葉を贈るよさや、聴いてもらう喜びを感じることができるという点で、離任式をきっかけに指導を始めることもよいのではないかと感じています。その後、日めくりカレンダーを作ったり、自由起立を取り入れたりと、少しずつ方法を変えながら1年間取り組んでいきました。

■**子ども同士がつながる授業をつくる**

　教科の特性はもちろんですが、授業づくり全般において次の4つを大切にしてきました。
　①一人ひとりが立場をもって参加できるようにすること
　②書くことと伝えることはセットだということ
　③友達の考えに○をつけること
　④根拠や理由を大切にすること

　①は、自画像画を使って黒板に立場を表明したり、「○と考えるか×と考えるか」のように挙手をさせたりすること。さらに黒板を児童に開放し、考えを出し合うことも子どもに立場をもたせながら授業を展開する一つの方法です。

　右の写真は、6年の社会科で地方自治体による政治について学んだ授業です。区の現状を示すグラフや表を読み取った上で、「どのような政策が必要なのか？」を短冊に書き出しました。「なぜその政策が必要なのか？」という根拠を検討し合う

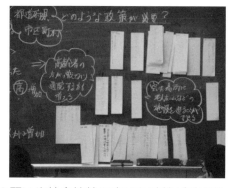

中で、学習のねらいである住民の願いや社会情勢に応じた政策が計画的に実施されていくことを理解していきました。

②についてです。書くことで考えは明確になっていきます。「書いたら話す」を当たり前にすることで参加意欲が変わっていきました。また、一人ひとりが立場をもって授業に参加し、全員発表を前提として授業を構成していくことで、自然に友達の考えに関心が向き、その考えを大切にしようとする心が育まれていきます。

　この過程で大切にしたことは、③の「友達の考えに○をつける」ということです。○をつけるとは、考えに対するリアクションを返すということです。学習活動の中で、ペアやトリオ、小集団にさせながら考えを交流させたり、理解を深めるために説明を繰り返し行わせたりする活動を取り入れている方も多くいらっしゃると思います。ただし、そこに「相手のことを受け容れようとする言動があるか」が大切です。

- 拍手はありますか？
- 頷きや首を傾けたりしていますか？
- 質問は出されていますか？
- 意見を戦わせる場面はありますか？

　交流させているだけでは互いの考えを大切にしようとはなかなか思えないものです。算数科の学習で自力解決をした後、そこに書かれた考えを、教室を動き回って見合う活動を取り入れたとします。見合う活動の中に、ノートに○や見た人のサインを書かせることだけでも、子どもたちの反応は変わります。「見てもらえた」ことが、自分の考えを伝えたい、そのために考えようとする意欲につながっていきます。伝えることを前提にすることで、④にあげた、根拠や理由をセットにして考え、自分の考えに責任をもつことができるようにもなっていきました。

- **理由がないのはいじめと同じ**
- **人と意見を区別する**

　といったことも、根拠や理由を大切にできるようになってこそ、子どもたちが理解できるものだと感じています。

■信頼が成長への意欲につながる

　同じ児童が書いた成長ノートの１年間の比較です。

> 【2015年６月29日　Ｃさんの成長ノート】
> 「私はみんなにこの成長ノートは見せられませんでした。理由は人に見られたら何か言われると思ったからです。私は、見せたいけれど見た人は悪口などを私に向かって言うかもしれないから見せられませんでした」

　Ｃさんが学級の中で感じている信頼や安心感が薄いことが分かります。これを書いたのは６月の終わり。この日の成長ノートには４月からの自分たちの成長を振り返らせました。そして、初めて児童同士で成長ノートを読み合い、メッセージを贈り合ったときのノートです。Ｃさんは、ノートを友達に見せることができませんでした。

　年度が変わり、６年生となったＣさんは、次のように書いています。

> 【2016年７月19日　Ｃさん成長ノート】
> 「私は、この１学期で自分からということが成長しました。こんなに自分から１年生とたくさんかかわり、縦割り班では班長として１年生から５年生までをまとめることはできないと思っていたので自分に驚きです。いつの間にか、成長したんだなと思いました。友達に意見も言えなかった、授業中に手を挙げることも苦手だった私が、です。今気持ちがすっきりしています。なぜなら、思っていたよりもできたと思うからです。まだまだ思うようにいかないことも多いけれど、自分から話しかけたり、自分から楽しんだりできるようにしていきます」

　今年度の１学期末、「最高学年として１学期成長したか」というテーマで書いたものです。このノートも、先に示したノートと同様に、友達同士で成長を確かめ合うという目的で、読み合い、メッセージを贈り合いました。１年間でどのような成長があったとみることができるでしょうか。

　ノートを見せ合うことができるようになったところに成長（変容）が

見られます。仲間に自分の成長を示すことができるようになったのです。自分を隠さずに成長できる子に育っていることを感じました。信頼を得た子どもたちは、「明るく」なっていきます。自分を隠さなくなっていきました。

■**成長は、教室への信頼から生まれる**

　子ども同士がつながっていくことで、成長できる空気が生まれていきます。

> ・失敗できる教室
> ・本気だよと言える教室

　仲間を信じられることで初めて、このような教室がつくられます。このような教室だからこそ、自分の成長を信じられるのです。

第3章 「成長の授業」を創る　～実践篇

言葉で「心のねっこ」を育てる

赤木真美（菊池道場広島支部）

1 ▶ 子どもたちに「心のねっこ」を

　私が菊池省三先生の実践に出会って、今年で４年になります。今年度は、１年生を受け持たせていただいています。

　入学当初、１年生の子どもたちの中には、初めてのことが不安で、失敗することに大きな抵抗を示すお子さんがいました。１年生ですから、初めてのことばかりなのは当然です。不安になるお子さんがいることも当たり前なのですが、涙が出る。できないことを受け容れることができなくてパニックになる。そんな子どもたちの様子から、何か特別に教師が手立てをもつ必要性を感じました。

　まずは、子どもたち一人ひとりに自信をもたせ、子どもたちが安心して過ごせる教室にしていかなくてはいけないと強く感じました。

　学級のひとつの理想の形として、菊池先生が最後に受け持たれたあの６年１組があります。私は、佐竹さんの「６の１のせいでネガティブになり、６の１のおかげでポジティブになった」という言葉が強く心に残っています。佐竹さんは、周囲の子どもたちとの差に思い悩みながらも、最後はクラスの友達の励ましで成長に向かうことができたことをありのままに話しました。佐竹さんがあそこまで自己開示ができたのは、６年１組がお互いを認め合える集団であったからこそです。

　自分のそのままが出し合える教室、違いを認め合える教室で、お互いにそれを支え合ってこそ、子どもたちは成長に向かうことができます。低学年であってもこのようなクラスを目指そうと決めた４月でした。

　小学校生活のスタートに、どんなことにも向かっていける自分の心の根をしっかりと張って欲しいと願い、学級通信のタイトルは「心のねっこ」に決めました。

2 １年生の目線に立つ　〜菊池実践＋思いやり力〜

　今年は、小さい子どもたちに、どの段階でどのように菊池実践を取り入れていけばよいかが大きなテーマとなりました。また、どうしたら自分たちの成長を実感させることができるのだろうかという点も１年間の大きな課題でした。子どもたちの目線に立ち、毎年行っている形にもう一工夫を加えました。

○学級の目標

「やさしい言葉があふれる 28 人の学級」

　学級目標は、分かりやすく、一つに絞りました。この 28 人の中には、交流している特別支援学級のお子さんも入っています。目標と一緒に、写真のように円になっている子どもたちの写真を掲示しました。「つながる」というイメージをもってもらいたいと考えたからです。

○ぽかぽか言葉とちくちく言葉

　学級目標と合わせて、言葉を整理していきました。「教室にあふれさせたい言葉」と「言われたくない言葉」を毎年教室に掲示しています。１年生では、もっと子どもたちに分かりやすい言葉で、「ぽかぽか言葉」と「ちくちく言葉」に分けて掲示しました。教室に掲示しておくだけで、子どもたちは優しい言葉を意識して使うようになりました。

○「価値語」モデルのシャワー

「価値語」の指導は、「公」での在り方を教えていくためにとても重要だと考えます。特に1年生は、小学校生活の初めの1年ということもあり、話の聞き方や靴の揃え方など生活のルールも「価値語」にして、写真と共に掲示しました。低学年には「写真＋言葉」が分かりやすいです。「価値語」も発達段階に合わせ、少しずつ子どもたちに分かりやすい言葉に変えました。例えば、「待たせるより待てる人に」は、「まてる人はかっこいい！」といった感じです。

○朝の会の取り組み

　子どもたちの横のつながりをつくっていけるように、毎朝の取り組みを工夫しました。

| 月曜日「全力じゃんけん」 |
| 火曜日「朝の歌」 |
| 水曜日「笑顔のリレー」 |
| 木曜日「朝の歌」 |
| 金曜日「いいね大作戦」 |

「いいね大作戦」は、「ほめ言葉のシャワー」や自由に立ち歩いての対話につなげていくために、入学直後から始めました。ペアになって向かい合い、お互いによいところを伝えます。対話の始まりと終わりの挨拶なども、繰り返しの中で定着させていきました。

○1年1組の木

　1年生の初めから、「成長曲線」を示し、「せいちょう」という言葉を子どもたちに教えました。子どもたちに自分たちの成長が目に見えて分かるものがあると、分かりやすいと考えて1本の幹を用意しました。みんなでできるようになったことがあると、根っこや葉っぱが一つずつ増えていく「1年1組の木」を作りました。学級通信「心のねっこ」ともつながっています。

　子どもたちは、葉っぱや根っこが増えるたびに大喜びしていました。学年の終わりには、1本の立派な木ができ、満足そうに眺めている子もの姿も見られました。

　低学年には特に、視覚に訴える掲示物が有効です。

3 子どもたちの成長から

　そらさんは、どんなときも前をしっかりと見て教師の話を一生懸命に聞こうとしている。また、言われたことはその通りに一生懸命にやろうと頑張る、そんな女の子です。

　1年生に入ってから、新しいことばかりが次々にあって、覚えなくてはならないこともたくさんあって、一生懸命で真面目なそらさんは、できないことや周りに追いつけないことがあると、涙が出てきてしまうことがたびたびありました。

　入学してから、ほとんど毎日、泣いているそらさん。子どもたちにとって楽しいはずのドッジボールも、給食の時間もそらさんにとっては次々とやってくる未知の連続でした。私は、そらさんにも、新しいことができるようになる喜びを味わってほしいと思いました。また、何よりそらさんが笑顔で過ごせるようにしたいと強く思っていました。

169

○「公」を意識させる

　私は、子どもたち、一人ひとりの様子を見て、その行動の背景には何があるのか必ず考えるようにしています。そらさんの涙には、どんな思いがあるのだろうかといつも考えていました。涙を流しながらも、どんなことも最後までやろうとする姿から、できるようになりたい、できるようにならなくてはという思いが人一倍強いのだということは想像することができました。同時にできないかもしれないという不安がいつもあるのかもしれないとも考えました。

　私は、そらさんが涙を見せた時はいつも、
「そらさんの中には、頑張る力があるよ。大丈夫だよ」
と伝えていました。また、周りの子どもたちにも、泣いていることを大げさに扱うことをやめさせ、見守ってほしいと伝えました。

　そらさんの通っていた幼稚園では、「やれば必ずできる」と見守る姿勢を取られていたこと、先生方が２年間をかけて丁寧に指導されたこともお聞きし、よい形で引き継いでいければという思いもありました。

　そして何より、「公」の場でふさわしい姿は泣くことではないことを、そらさんにも周りの子どもたちにも知ってほしかったのです。

○美点凝視　〜　一人ひとりのよさを見つめる　〜
「めがきれいにさいてくれてありがとう」

　そらさんが生活科のワークシートに書いた言葉です。あさがおが芽を出した絵に添えた文章です。芽を出したあさがおに「ありがとう」と伝えているそらさんの感性に心を打たれました。そらさんは、どんなときもきちんと「ありがとう」と伝えられるお子さんでした。

　「ありがとう」。私はこの言葉を価値語の一つとして、大切にしています。菊池実践

を始めてから、自分自身も言葉を意識して生活するようになりました。「ありがとう」この言葉を相手に伝えるには、人の優しさや行動に細やかに気づくことができなくてはいけません。また、「ありがとう」と誰かに言ってもらうには、相手のことを思いやった行動があります。「ありがとう」は、お互いを思いやる心があってこその言葉なのです。
「このクラスにどんな時もありがとうって言ってくれている人がいます。お礼がちゃんと言えるって素敵だと思わない？先生は、ありがとうって言ってもらうと心がぽかぽかするよ」
　それが、そらさんのことだと知ると、子どもたちは、
「そらちゃん、すごいじゃん！」
と口々に声をかけていました。
　私自身、そらさんの「ありがとう」の言葉に感動し、そらさんの中にある、人を大事にする心に学びました。子どもたちも一緒になってそらさんに温かい言葉をかけてくれたことはとても嬉しいことでした。

○**自分に向き合える子どもに　～自己開示の瞬間～**
　菊池実践の中で欠かすことができないのが「ほめ言葉のシャワー」です。菊池先生は、ほめ言葉のシャワーについて、「一人ひとりの違いを認めながら一体感のある教室にしていく」その象徴であるとおっしゃっています。
　ある日のほめ言葉のシャワーで、そらさんはいつも笑顔でいるお友達に、

> 「〇〇さんは、いつもえがおでいいですね。わたしはいつもないているから〇〇さんみたいにえがおになりたいです」

と話したのです。この時、既にそらさんは、以前のように毎日泣いているということはなかったし、自分の考えを大きな声で言えるようになっていたので、この言葉に私は驚きました。
　このように言えたことは、そらさんにとって大きな成長でした。泣いているという、自分の弱い部分を受け止めることができているからです。

受け止めているからこそ、みんなの前でそのことに触れることができたのでしょう。自分とは違う友達のよさを認めることができていることも大きな成長です。私もそうなりたいという言葉には、そらさんの前向きな気持ちが込められています。

　そらさんが、よい方向へと少しずつ変わり始めていたからこそ言えた言葉なのかもしれません。

　そして、数日後のそらさん自身の「ほめ言葉のシャワー」では、

「そらちゃんは、○○さんのほめ言葉のシャワーのとき、じぶんのことをいっていていいね。わたしもそういうひとになってみたいよ」

と言った子がいました。数日前のそらさんの言葉を覚えていて、そらさんが自分のできない部分を素直に言うことができたことをいいねと伝えたのです。

　菊池先生がおっしゃるように、周りの子に認めてもらえるからこそ、子どもたちは、ありのままの自分を出すことができるのです。そらさんにとって、1年1組のクラスは入学した時とは違って安心して自分を出すことができる場所へと変わっていたのだと思います。

　その後、そらさんは、少しずつ自分の思いを言葉にできるようになりました。話し合いでは、積極的に意見を出し、クラスを引っ張る存在にまで成長しています。そらさんの「心のねっこ」は少しずつ張ってきて、生き生きと枝葉を広げ始めたのです。

　1年間を振り返って書いた作文には、次のようなことが書かれていました。

> この１年でせいちょうしたこと
> 　わたしが、せいちょうしたことは、まえは、ぽかぽかことばをいえなかったけど、いまは、ぽかぽかことばをいっぱいいえるようになったよ。りゆうは、ぽかぽかことばをいわれた人がうれしくなるからです。たとえば、
> 「ありがとう。」と、いわれたら、とてもうれしいからです。はんたいに、ちくちくことばで、
> 「ばか。」
> 「あほ。」
> 「よわむし。」
> などいわれたら、いやだから、みんなも、わたしも、先生もいわないようにしています。だから、みんなぽかぽかことばだけ、いっているから、わたしは、このクラスを、いちばんすきです。

　最後の１文を、私はとても嬉しく読みました。
「わたしは、このクラスを、いちばんすきです」
　自分の所属するクラスをそんなふうに思えるなら、これから先もそらさんは自分らしく成長していけると思います。
　お母様にも、この１年のお子さんの成長についてのお言葉をいただいています。

> 　最初はできない事や焦りから、涙がよく出ていましたが、先生やクラスのみんなに温かく見守ってもらい、ここまで成長できたと思います。
> 　ぽかぽか言葉とチクチク言葉の勉強内容をノートで見た時は、こんな指導法があるんだと感動しました。
> 　家でも会話の中で、「あっ！それチクチク言葉よ！」と言われたりします。
> 　気づかないうちに使っていたりして気をつけようと思いました。心が温まる言葉と胸が痛む言葉をぽかぽか言葉とチクチク言葉というふうに表現されていて、子どもにも分かりやすく、とてもいいと

思いました。
　ほめ言葉のシャワーもほめてもらえれば、大人でも嬉しいですし、いっぱい浴びたいシャワーです。

　何事も最後まで諦めずに頑張っていると思います。幼稚園の先生との「やればできる！」という合言葉も今でも忘れずに実践しています。

　相手の気持ちになって考えるということ、大人でもなかなかできないことですが、学校でも「自分のことはあと、みんなのことが先」という指導を受けているようなのでその成果が出ているのだと思います。
　「ママがそんなふうに言われたらどんな気持ちになる？」と問いかけられた時にはハッとなりました。
　幼稚園から引き続き、1年生でも素晴らしい先生に出会えて感謝です。お陰様で少しずつ成長できております。

4　終わりに

　「低学年でも菊池実践はできるのだろうか」。よく聞かれる言葉です。実際に1年生と過ごしてみて、「ほめ言葉のシャワー」も「成長ノート」も導入に至るまでに時間がかかったり、少し形を変えたりと工夫が必要なことも多くありました。しかし、何のために菊池実践を行うのかと考えた時、子どもたちをつなぐため、お互いを認め合える集団を築くためであるなら、実は1年生にこそ、菊池実践が必要なのだと気づくことができます。目的を大切にしながら、目の前の子どもたちの実態に合ったやり方を考えていけばよいのだと思います。
　そらさんの成長を以下の3点に添ってまとめてみました。

> ・公を意識させる
> ・美点凝視　～一人ひとりのよさを見つめる～
> ・自分に向き合える子どもに育てる

　挨拶や礼儀なども含めて、「公」にふさわしい姿を身につけているということは、子どもたちの自信につながります。私たち大人は、これを教えていく責任があると考えます。

　子どものよさを見つめる、見出す、引き出すということは、子どもの人格と向き合うということだと考えます。人に対する深い理解と観察力が必要であり、教師の仕事の重要な部分だと考えています。

　自分に向き合える子どもに育てる、これは大人も同じです。自分の弱い部分やできない部分に向き合うことはとても大変なことです。しかし、ありのままの自分を受け容れ、目指す姿に向かって努力をしていくことでしか、人間は成長することはできないのだと思います。

　この3点は、菊池実践を学んできた中で、私が大切にしていきたいと考える部分です。私自身も学ぶことで、自分の内面を見つめ、弱さやできないことに気づきながら、それでも成長したいと思い、菊池実践に取り組んでいます。

第3章 「成長の授業」を創る　〜実践篇

美点凝視の考え方を大切にした菊池実践
〜国際理解教育の取り組み〜

川尻年輝（菊池道場長野支部）

1 今、なぜ"美点凝視"なのか

　これまで、学級担任としてたくさんの子どもたちを見てきました。近年は、旧来の一斉指導型の授業ではついていけない子どもたちも多く在籍し、子ども同士の良好な関係は、放っておいたら自然にはできないように感じます。だからこそ、温かなクラスになるよう美点凝視の考え方を大切にした菊池実践がとても大切なのではないかと感じています。

　また、世の中のニュースを見たときに、圧倒的にポジティブな話題よりもネガティブな話題の方が多いのは周知の通りです。では、ネガティブな話題に人がさらされ続けるとどうなるのでしょうか。おそらく潜在意識の中に「マイナスのイメージ」が取り込まれ、様々な悪影響が出るものと思われます。

　昔から『朱に交われば赤くなる』という諺が示すように、人は周りの環境によって、良くもなれば悪くもなるのです。だからこそ、ポジティブな環境に身を置きたいと思います。

「ほめ言葉のシャワー」をはじめとする菊池実践流"美点凝視の考え方"による授業実践は、ポジティブな言葉を大切にした最高の環境がそこにはあるのではないでしょうか。ほめ言葉のシャワーなどの温かな言葉は、言う人も言われる人も自然と笑みがこぼれ、年間を通じて行っていくことで、様々なプラスの効果が現れるものと確信しています。

　具体的には、ほめ言葉のシャワーに代表される"美点凝視の考え方"が浸透し、他人に対してプラスの視点で観察をすることが当たり前になります。結果として、人のよいところを積極的に見つけようとすることで、他者理解力が高まるのです。

　また、成長ノートや成長の授業の中などで使われる価値語や様々なほ

めるバリエーションを増やしていくことで、豊かな日本語表現が身につくようになります。

さらに、公を意識した考え方や人としての在り方なども知らず知らずのうちに身につけられます。

このように、子どもたちにとってたくさんのプラスとなる「美点凝視の考え方（菊池実践）」が、今の教育現場では必須なのではないかと考えます。

2 美点凝視の様々な菊池実践

①ほめ言葉のシャワー

言わずと知れた、菊池実践の本丸です。毎日の主役を決め、子どもたち全員からほめられる活動。帰りの会をベースに、翌日の朝の時間も活用して弾力的に行います。慣れるに従い、「友達と同じことを言わない」などのレベルアップを図ることで、たくさんの美しい語彙も身につきます。

②教室の関所（今日の主人公紹介）

朝の会での「質問タイム」や帰りの会での「ほめ言葉のシャワー」での本日の主人公紹介。主人公のよいところを、ホワイトボードに子どもたちが書き、教室入り口に掲示します。

③朝のミニ授業

朝の会の「先生の話」の中で行う、子どもたちの今！に伝えたい話。ＳＳＴ（ソーシャルスキルトレーニング）的なものやモラル的な話などを、子どもたちの素晴らしい具体の姿から伝えていきます。

（例）

「全校集会の時に、話している人の目を見て、常に黙って話を聞いていた○○さん。周りの人たちがざわついてもつられず、話している人のことを思って聴いている姿が、『一人は美しい』というのですね」

④価値語(価値ある行動)メッセージ

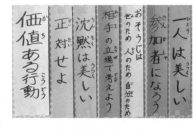

「社会(公)」を意識した、子どもたちの具体的な考え方や行動をプラスに導くような、価値ある行動をカードに表して、教室に掲示します。前述の朝のミニ授業とともにセットで行うと効果的です。

⑤成長ノート

教師が考えさせたい事柄をテーマに、一人ひとりに書かせるノートです。文字にすることで、子どもたち自身の考えが整理でき、心の内面の成長を促すことができます。

記録として残るので、ノートを通じて自分の成長の振り返りもできます。

⑥価値絵

子どもたちに伝えたいメッセージを、イラストとともに黒板に記します。価値語を使いメッセージを記入する

ことで、子どもたちに、より鮮明に教師の思いを届けることができます。

⑦価値詩

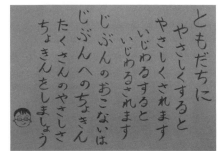

価値語(価値ある行動)を詩にします。詩にすることで、柔らかなメッセージになります。また、子どもたちにとって価値語の意味を噛み砕いて紹介することにもなり、実践力につながります。

⑧日めくりカレンダーと朝の予定

　子どもたちがつくる日めくりカレンダーで、自分の好きな価値語やその日に伝えたいメッセージを書きます。また、朝の予定をミニホワイトボードに子ども自身が書くことで、クラス皆が時間に遅れないよう行動できます。

3 成長の授業　～国際理解教育の実践を通して～

□はじめに

　私は、通常学級に在籍した外国につながる児童（外国にルーツのある児童）を何度も受け持った経験から、日本語指導の重要性を感じていました。そこで私は、東京学芸大学国際センターが主催する「JSLカリキュラム（日本語指導）」について授業実践を通して学びを深めてきました。しかし、海外にいる外国籍等児童生徒の様子を直接見たことはなく、かねてより実際に見て学ぶ必要性を感じていました。

　今年度、JICA（Japan International Cooperation Agency）独立行政法人国際協力機構の「教師海外研修会」という40年以上も続けられている海外での研修会があり、その研修会に参加する機会を得られモンゴル国を訪問しました。

　モンゴル国での日本の国際協力について、たくさんのことを学ぶことができました。特に、教育現場を視察して得られた学びは、美点凝視を大切にする菊池実践と結びつくところが様々あり、菊池実践の方向性は日本のみならず海外においても同じであるということを感じました。

□国際理解教育と菊池実践

　国際理解教育の価値について、文部科学省『21世紀を展望した我が国の教育の在り方について（中央教育審議会 第一次答申）』の中の、"第3部　国際化、情報化、科学技術の発展等社会の変化に対応する教育の在り方"の中に次のような一文があります。

> このように国際化が急速に進展する中で、絶えず国際社会に生きているという広い視野を持つとともに、国を越えて相互に理解し合うことは、ますます重要な課題となりつつある。加えて、経済大国となった我が国は、地球環境問題への対応や科学技術や文化の面などで、今後一層積極的に国際社会に対して貢献し、世界の安定と発展に寄与していくことが必要である。
>
> いずれにせよ、国際化の進展は、人と人との相互理解・相互交流が基本となるものであり、その意味で、教育の果たす役割は、ますます重要なものとなると言わなければならない。
>
> このような国際化の状況に対応し、我々は特に次のような点に留意して、教育を進めていく必要があると考えた。
> (a) 広い視野を持ち、異文化を理解するとともに、これを尊重する態度や異なる文化を持った人々と共に生きていく資質や能力の育成を図ること。
> (b) 国際理解のためにも、日本人として、また、個人としての自己の確立を図ること。
> (c) 国際社会において、相手の立場を尊重しつつ、自分の考えや意思を表現できる基礎的な力を育成する観点から、外国語能力の基礎や表現力等のコミュニケーション能力の育成を図ること。

グローバル化が叫ばれている現代において、広い視野を持ちコミュニケーションを通した他者理解(相手軸を大切にすること)と自己理解(自分軸の確立)がとても重要であると言えます。これは、菊池実践が目指している具体的な子どもたちの成長の姿そのものではないかと考えます。

□ 授業の実際

モンゴル国での学びを生かして、小学校2年生の児童を対象に、次のような単元展開を計画実践しました。なお、時数的には朝の読

「せかいのひとびと」(絵本)より

み聞かせの時間 15 分間、学級の時間 6 時間＋道徳の時間 1 時間で単元を構成しました。

時	小単元名	学習のねらい	授業内容
0	朝の読み聞かせの時間…「せかいのひとびと（絵本）」の朗読		
1	「ハンバーガーの材料はどこから」	・小学生にとって身近なファストフードであるハンバーガーの材料が、外国に依存していることを知ろう。	・ハンバーガーの材料である、バンズ（小麦）やミート（牛肉）について、世界のどこから輸入されているのか考えさせ伝える。世界地図を利用し、関係国に付箋を貼る。
2	「輸入しているものってほかにあるの？」	・日本が、食材のみならず各種エネルギー資源も外国に依存していることを知り、外国とのつながりを知ろう。	・食べ物のほかに、日本が輸入しているものは何か問い、石油を代表に各種のエネルギー資源も外国に依存していることを知ることで、外国と日本のつながりを感じ、国際協力への大切さを感じる。
3	「モンゴルってどんな国」	・モンゴルの基本情報などのクイズを行い、外国への興味関心をもとう。	・世界地図からモンゴルの位置を知ったり、首都の名前を三択形式でクイズにしたり、国会議事堂前での夕方撮影した写真を見せたりしながら、モンゴル国についての概要を伝える。
4	「モンゴルと長野（日本）は同じだよ」	・モンゴルと日本（長野県）での共通点を見つけ、モンゴル国への親近感を感じよう。	・お寺、トロリーバス、塩の写真を対比させ、似ている点を見つけるよう仕組む。共通点が見つかることにより、さらにモンゴル国への関心を高めるように仕組む。
5	「モンゴルを知ろう」	・モンゴルについて理解を深めよう。	・モンゴル国旗や紙幣についてクイズを通しモンゴルの文化や歴史について伝える。さらにスーホの白い馬の動画、モンゴル語の通訳をしてくださったダワさんによる馬についてのインタビュー、モンゴル語の挨拶レッスンビデオを通して、モンゴルの理解を深める。
6	「わたしはせいか・ガブリエラ」（道徳）	・ボリビア人の父と日本人の母を持つせいか・ガブリエラちゃんの詩から、どちらの国も大切に思う気持ちやボリビアと日本の文化の違いを知ろう。	・信濃教育出版社「わたしたちのみち・2年」より、『わたしは せいか ガブリエラ』の国際理解・国際親善の道徳の授業を行い、ボリビアと日本の文化の違いや、国が違えど子どもに対する思いは同じであり、どちらが良い悪いと言うことはないということに気づけるよう話し合いを持たせる。

7	「国際協力」について考えよう 	・JICA の活動を伝えると共に、国際協力について考えよう。	・これまでの"世界について"の学びを振り返り、「世界中の人たちが　仲よく幸せにすごせるようになるためにはどんなことが大切なのか」考える。 　さらに JICA の活動を伝えると共に、国際協力について考える。モンゴル国内で活躍している JICA 隊員を始めとする日本人の活躍されている姿や東日本大震災時のモンゴルレスキュー隊員の活躍の姿から、小学校2年生としてどのような国際協力ができそうか考える。

□単元を通した児童の変容

　世界に興味があった子はもちろんのこと、そうでなかった子も時間を追うごとに授業を大変楽しみにしている様子が見られました。

　明日の時間割黒板に、2時間目「学級・せかいのべんきょう」などと書いているときに、「明日は、世界の勉強がある、やった～！」と呟く子が何人もいました。笑顔いっぱいの表情でした。

　単元の最後の時間（7時間目）に国際協力について考え、国際理解教育の学びを深めました。以下は、子どもたちの最終ワークシートからの抜粋です。

『Q1．世界がよりよくなるために、あなたはどんなことができそうですか？』

・私は相手軸（相手の立場に立つこと）で考えて行動したいです。
・思いやりの気持ちを持って考えていきたいです。
・世界の人たちに、お手紙を送ると良いと思います。
・バザーをして、お金を集めて寄付をしたい。
・世界が良くなるために、節約ができそうです。けんかとか暴力をなく

したいです。
- ジャイカに協力して世界の人となかよくなり、助け合ってやさしくしあいます。
- いじめをやめて、ほめあいながら協力すれば世界がより良くなると思います。
- 世界の人たちをほめ合ったりアドバイスをしたりすれば、戦争やあらそいを止められると思います。
- いろいろなお家にあるいらないものをあげれば良いと思います。
- 日本から水を送ればいいと思います。
- ぜいたくをしない、言わない。
- 人の気持ちを考えて行動する。

- コミュニケーションをとり、たくさん友だちをつくって、いっぱい遊びたい。
- ちがう国の言葉を覚えると世界がよくなります!!
- (クラスで熊本地震のチャリティバザーをしたときのように) バザーをして、モンゴルのレスキューの人たちに少しでもよいからお金をあげたいです。

『Q2.今まで、世界の勉強をしてきて、思ったことや感じたことを書きましょう』
- 世界と日本は、ちょびちょび同じところがあるんだなーということがわかりました。ちがうところは、その国らしいなーって思いました。
- モンゴルと長野と、いっぱい共通点があってすごいなあと思いました。
- モンゴルにいつか行ってみたいです。
- モンゴルは、人間よりも動物の方が多いことをはじめて知りびっくりしました。世界には、知らないことが沢山あることがわかったし、日本につながるものがあるってすごいと思いました。
- 外国の勉強ができて良かったです。英語やモンゴル語など、はじめて

ちゃんと言えたので楽しかったです。
・大人になったらモンゴルへ行って、いろいろな人とコミュニケーションをとって、友だちをつくりたいと思いました。
・国旗にも理由があることがわかりました。いろいろ調べてみたいです。
・大人になったらJICAに入って、いろいろな人を助けて世界の未来をより良くしたいです。いろいろなちがう国の人とも仲良くなりたいです。
・世界の勉強をしてきて思ったことは、日本に生まれて幸せということがわかりました。モンゴルの人たちが日本を助けてくれたように、ぼくもモンゴルの人たちみたいに（いろいろな人を）助けたいです。
・道徳で勉強した、ボリビアに行きたいです。
・川尻先生が行ったモンゴルもいっぱい勉強できてよかったし、ボリビアという国もはじめて知ったので、国のことが楽しくなってきました。もっと勉強したいと思いました。
・ぼくは世界に興味があるので、大人になったらいろいろな国をまわってみたいです。
・世界の勉強で思ったことは、こういうことは全然知らなかったので、このクラスに入って良かったなあと思いました。ぼくも川尻先生に出会えてとても幸せです。大人になったら世界中に行きたいです。
・１回だけでもいいんですけど、モンゴルとボリビアに行って、いっぱい遊んでいっぱい友だちをつくりたいです。

○**単元を通して子どもたちに大きな変容が見られました。具体的には、次のページの８点であると考えています。**

　特に２年生の子どもたちは、年齢による発達段階から自分中心に物事を考える子が多いのですが、何人もの子が自分だけよければいいという自分軸の考え方から、相手の立場に立って行動する相手軸に沿った行動が大切であるという"人として大切なこと"にまで気づけたことは大変素晴らしいことだと思いました。

　子どもたちのこの変容は、年間を通じて行ってきた美点凝視の菊池実

践の取り組みがベースとなっているのは間違いありません。クラスの中が安心安全な居場所になっているからこそ、子どもたち同士の積極的な対話の時間が生まれることはもちろんのこと、自分自身の考えをきちんと相手に伝えていくことにつながっ

ているものと思われます。だからこそ、単元終末の"国際協力"という小学校2年生にとって大変難しいテーマについても全員が真剣に考えることができ、鋭い意見が次々と出されてきたように感じます。

4 まとめ

　次期学習指導要領では、「主体的・対話的で深い学び」が求められています。この学びを実現していくためには、土台となるクラスの中に信頼関係が成立していることが大切です。クラスの信頼関係である縦糸（教師と児童の関係）と横糸（子ども同士の関係）ができていなければ、話し合い活動を始めとする協同的な学び合いは成立しません。だからこそ、美点凝視の考え方を大切にした菊池実践（成長の授業）を生かしてクラスの強固な土台づくりを行っていくことが今後より一層求められるのではないかと思います。全国の学校に菊池実践が広がることを願っています。

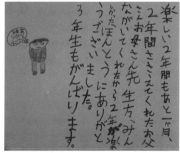
【生活科「大きくなったわたし」】

【担任へのほめ言葉のシャワー】

第3章 「成長の授業」を創る　〜実践篇

社会科学習を通したアクティブ・ラーナーの育成
〜積極的生徒指導と人権教育の観点を大切にした「成長の授業」づくり〜

栗山泰幸（菊池道場奈良支部）

1 ▶ 中学校の実態　〜私の見てきた現場から〜

　「早く席に着きなさい」「黙って前を向きなさい」。教職について12年、この台詞はこれまで私に与えられてきた役目を端的に表しています。チャイムが鳴れば、できるかぎり速やかに生徒を教室に入室させ、50分間黙って自分の席に座らせる。少なくとも私の見てきた現場では、授業に当たって教師に求められる力とは何よりもまず、そういったものでした。まず、子どもたちを教室の中で安全に過ごさせる。それが、私の重要な役目だったのです。

　また、私はこれまでの教職経験の半分以上を生徒指導部という校務分掌（教職員の業務分担上の役割）の中で過ごしてきました。『生徒指導とは、一人一人の児童生徒の人格を尊重し、個性の伸長を図りながら社会的資質や行動力を高めることを目指して行われる教育活動のこと』と、文部科学省生徒指導提要（平成22年3月）は、その活動を定義しています。しかしながら、その実態の多くは生徒の問題行動に対する対処と指導に追われていると言ってよいでしょう。このような問題行動に対する対処と指導を消極的生徒指導と言います。おかげで、少年犯罪に関わる法律や刑罰についてはずいぶん詳しくなりました。また、警察署の生活安全課や、家庭裁判所、鑑別所など、日頃出入りすることのない機関に行くことも珍しくなくなりました。

　これは、決して過剰な表現ではありません。多かれ少なかれ、全国の中学校の現場は、こういった問題を抱えているのです。菊池道場・道場長の菊池省三先生は『世界一受けたい授業』（日本テレビ、2015）の中で「最近、学級崩壊というキーワードをあまり聞かなくなったのはなぜか」という問いかけに、「学級崩壊が珍しくなくなったから」と答えられ

ていました。まさしく「荒れていない方が珍しい」のが現場の実態だと言えると思います。実際に、平成27年度「児童生徒の問題行動等生徒指導上の諸問題に関する調査」結果（速報値）（文部科学省、平成28年10月）には、小・中・高等学校における暴力行為の発生件数は56,963件（前年度54,246件）など、依然として厳しい現場の実態が明らかにされています。

2 これまでの取り組み

　そのような中、多くの先輩方や同僚の指導や助言の下、私なりに大切にしてきた考えがあります。まず、子どもたち一人ひとりの背景を知ることを大切にすることです。先輩方に教わった言葉に「かかと減らしの教育」という言葉があります。これは、人権教育に尽力されてこられた先達の言葉で、「気になる子どもがいるのなら、地域を自分の足で歩いて回り、ご家庭に訪問させていただいて、地域の人や保護者とつながりながら、子どもの生活実態をよりよく知ろう。そうしているとあっという間に自分の靴のかかとがすり減ってくる。それは子どもの実態に寄り添おうとした証拠であり、教職員としての誇りではないか」。そのような考えを表した言葉です。この教えは、いまだに私の心の中に、忘れてはいけない大切な教えとして根付いています。

　また、挨拶や返事、言葉遣い、時間を守ることなど、生活習慣として当たり前に求められることは徹底させること。また、子どもたち一人ひとりのよさや頑張りを学校全体や保護者、地域に向けて積極的に発信すること。こういったことにも、学級や部活動で粘り強く取り組んできました。10年後、20年後の子どもたちに胸を張って堂々と生きていってほしい。いざというときに、自分らしさをしっかり発揮してほしい。そういう願いを込めて学級通信の題名は『威風堂々』としました。毎年、年度末には子どもたちの1年間の振り返りのメッセージとともに文集として綴っています（次ページ写真）。

　このように、多くの方々に支えられながら、学級経営や部活動指導、

生徒指導部としての取り組みが概ね順調に進むようになってきました。学級でも授業でも部活動でも、大声を張り上げなくても、自分がその場所に行けば、生徒が速やかに集まって前を向く。私が話し出せば子どもたちは静まり返って話を集中して聞いている。しかし、本当にこれだけで良いのだろうか。教室で、バスケットボールコートで、子どもたちの様子を目にしながら、私はどこか自分自身に物足りなさを感じるようになっていました。

　確かに、現在の多くの中学校現場の実態を考えるとき、たとえ"消極的"生徒指導と呼ばれようとも、「子どもたちにこちらを向かせ、話ができる体制を作る力」は絶対的に必要です。また、問題行動や保護者からの相談や苦情、地域の方々や関係機関からの連絡がないという日はないといってもいい状況です。それほど、中学校の現場では毎日何かしらの問題行動や緊急に対応が求められる事案が発生するのです。何があろうが、まずは目の前の事象に対応できないと話にはなりません。その点において、私は消極的生徒指導の力を否定しないどころか、必要不可欠なものだと言い切ることができます。しかし、それだけで良いのだろうか、自分が大切な何かを見失ってはいないだろうか。そのようなことを考え始めていたとき、東日本大震災と菊池省三先生との出会いが、私の教育観に大きな変容を生み出させることになりました。

3 東日本大震災と菊池実践との出会い

　2011年、未曾有の大震災は私たちに「今、目の前にあるものは、決して永遠に続く当たり前のものではない」ということを、一瞬にして見せつけることになりました。水道の蛇口をひねれば水が出る。教科書と

筆記用具を持って学校に行けば、教室で友達と一緒に勉強ができる。そのような日頃「当たり前」だと感じていることが、これほど「有り難い」ことだったかと、私たちは皮肉なことにこの大震災を通じて改めて知ることになったのです。同じ年、私は左耳の聴力を失い、当たり前の有り難さを身をもってかみしめていました。これからの自分は、子どもたちに何を伝え、何を残せるだろうかと、考えていました。

　そのような模索をしていた頃、『プロフェッショナル仕事の流儀』（NHK、2012年）の放送で菊池省三先生に出会いました。「毅然としている。だけど、とてつもなく温かい」、画面の中の菊池先生の姿を見て、何より率直にそう感じました。「怒る」と「叱る」の違い、正しい叱られ方、ほめ言葉のシャワー、「群れ」から「集団」へ、児童を下の名前やあだ名で呼ばない、理由づけのところに自分らしさが出る。菊池先生の子どもたちに発する一言一言が、私の抱いていた疑念を晴らしていってくれたのです。

> **子どもを育てるのではない。人を育て、社会を創造するのだ。**
> **自信がないから、人は群れる。教室の中に、自信と安心感を。**

　その強烈なメッセージを受け取ったとき、私は強く心を打たれました。確かに、私は生徒指導部や部活動の取り組みの中で、子どもたちの課題に寄り添い、問題解決の手助けとなれたことがあったかもしれません。しかし、そもそも授業の中で子どもたちの関係性を十分に築き、深めていく取り組みができていないではないか。実に私たちの教育活動のほとんどを占めており、その核ともいえる授業の中で、子どもたち同士がつながり、ともに支え合い、高め合いながら学びを深めていく。そういったことに十分に取り組んでこなかったではないか。それが、いちばんの課題だと感じていながら、やっと、その事実に気がついたのです。

　実際に、奈良県の教育課題の中にも「人とのつながりや社会性」の問題は大きく取り上げられています。また、中学校の現場でもメールやLINEでのトラブルが相次いでいたり、集団の中で適切な人との関わり方ができない生徒が年々目立っていたりすることは多くの教職員が実感

しているところです。そのため、そのような「人とのつながりや社会性」を高めることが大切だと訴えるパンフレットや視聴覚教材が関係機関などから配布され、道徳や総合的な学習の時間にそれを用いて講義型の授業が行われていました。確かに、そういった対策も有意義でしょう。しかし、圧倒的に、そもそも「子どもたち同士がつながり、ともに学び合う」、時間が足りていないのです。私にはそう感じられました。そういった時間が、日頃の授業の中で十分に保障されていないのです。そんな時、やはり菊池先生のご講演の中での台詞が、端的にその解決策を示してくれました。

人間関係の力は、人間関係の中でしか鍛えられない。

　この人間関係を築き上げ、深めていく力を育てていくことが、いま学校に最も求められることではないか。そうして、子どもたちが手を取り合い、急速に変容するこの時代をたくましく生き抜いていく力を育てていく。それこそ、現代に求められている教育の本質ではないか。私にはそう思えて仕方がなかったのです。

　先に述べた生徒指導提要は、消極的生徒指導の対義語にあたる積極的生徒指導の必要性を強調しています。これは、問題行動等の未然防止に向けた予防開発的な児童生徒の成長を促す指導のことを言います。菊池実践における「成長の授業」とは、まさにこの積極的生徒指導の一つの極みであると言えるのではないでしょうか。また、人権教育の歴史は、決して紙上の模範的な一文ではなく、子どもたちを取り巻く現実や実態に学ぶことを大切にしてきたはずです。

　折しも文部科学省は、課題の発見と解決に向けて主体的・協働的に学ぶ学習（後に主体的・対話的で深い学び、2016）と、そのための指導の方法等を充実させていくことの必要性を唱えています（「初等中等教育における教育課程の基準等の在り方について」諮問、2014）。そこで、私は「子どもたち同士がつながり、ともに学び合う」をキーワードに、授業の中で子どもたちがつながり、互いのよさを認め合いながら学ぶ時間を保障しようと考えました。そして、子どもたち一人ひとりに自信と

安心を与え、互いに成長しながら、主体的・対話的で深い学びを進めるアクティブ・ラーナーを育てようと考え、授業実践に取り組みました。

4 授業実践Ⅰ　～前任校での取り組み～

前任校は、大阪府東大阪市内の公立中学校で、1年生の学級担任と社会科を担当させていただきました。この学年の子どもたちは私に菊池実践の確かな手ごたえと自信を与えてくれることになりました。

机がくっつく、正対する

何より、この学校は校区を挙げて学力向上に熱心に取り組んでいる学校で、少なくとも月に一度は何かしらの研究授業が行われているような学校でした。4月冒頭、私が「グループを作って、課題について話し合いましょう」と指示すると、自然と子ども同士が話し合い、意見をまとめて発表し出したことには、私自身がいちばん驚いてしまったほどです。端的に言えば「指導がよく通る」のです。

子どもたちが自作した学級通信で道徳授業

価値語、成長ノート、話し合い、ほめ言葉、数々の菊池実践を通しながら、子どもたちは目を見張る成長を遂げていきました。もちろん、5クラスを担当して1年間を過

学級卒業式での室長のスピーチとほめ言葉

ごしていく上で、全ての学級が常に順調に成長していったというわけではありません。時に、授業に集中しづらい時期が見受けられることもありました。また、「指導がよく通る」学年集団だとはいっても、中には課題や困難を抱えた子どもたちもたくさん見受けられました。

しかし、そのようなときは「ほめ言葉のリレー」と題して、1時間の授業の中で友達のよかったところを見つけて順番に伝え合ったり、グル

ープごとに協力して解決をめざす課題に取り組んだりすることで、教室が見違えるように前向きな雰囲気に変わっていきました。

　研究授業で当時の校長先生から「課題のある生徒のわずかな言動にも大きな価値を見出して、一つひとつ価値付けてほめることで、生徒一人ひとりの意欲を引き出しています。それが授業全体の学習規律づくりにもつながっています」というお言葉をいただき、子どもたちとともに取り組んできたことを認めていただけたことが、何より嬉しく感じられました。

　いま思えば、前任校とその校区の園・所・学校の素晴らしかったところは、集団の「2-6-2」の法則における「6」に焦点を当て、確かな教育の軸をつくり上げてこられたところにあったように思います。素晴らしい生徒と保護者、同僚に恵まれて過ごした時間は、私にとって何にも代えがたい財産になっています。

5　授業実践Ⅱ　〜現任校での取り組み〜

Ⅰ　生徒の様子

　2015年4月、私は現任校に着任し、2年生の学級担任と社会科の教科担任を任せていただくことになりました。学年の生徒数は146名、明るくて人懐っこい生徒が多く、休み時間になると大きな笑い声が廊下中に響き渡っています。その一方、生徒同士で人をからかう冗談や暴言が飛び交っていたり、メールやLINEのやり取りから行き違いや、仲たがいが起きていたりして、人間関係のトラブルが起きない日はないと言ってもいいほどでした。おまけに、子どもたちが何か不満を抱えていると、教師に対しても平気で暴言が飛んでくるのです。

　また、これまでの社会科の授業の印象について聞き取りを行うと、生徒の多くは、（1）社会科の授業といえば、黙って席に座り、配られたプリントの空欄に教師が読み上げる正解を写す時間である。（2）社会科の勉強とは、その正解をテストのために暗記することであるという印象を強くもっていることが分かりました。

そして、これまでの全国学力・学習状況調査の結果から、本校の生徒は「自分には良いところがあると思う」という質問に肯定的に回答した割合が約50％で、全国や奈良県の平均と比べて15pt近く低いことや、自分で課題を設けたり、自分の考えを書いたり、説明したりする力に大きな課題が見られました。

> 子どもたちは自信を失っており、集団や教室の中の空気は重くて遅い。そのため指導が「通りづらい」。

　そのような印象を受けざるをえなかったのです。本章では、この学年の子どもたちの授業における変容について紹介します。

Ⅱ　実践1年目（2015年度-2年生）

授業における教室の動きを速くてやわらかいものに

　4月、私は授業の中で生徒の動きを生み出すことに真っ先に取り組みました。なぜなら、社会科の授業に対する、黙って自席に座り、教師が正解を読み上げるのを待つという受動的な印象を、何よりも先に打ち砕きたかったからです。そして、授業の中心はあくまでも子どもたちであり、子どもたち自身でよりよい授業をつくり上げていくのだということを実感させたかったのです。

グループで課題に取り組む

　具体的には、授業の内容に合わせて座席の配置を変えさせ、隣とペアにしたり、横一列にしたり、グループにしたりして、友達と協力しながら学習できるようにしました。また、黒板を生徒に開放し、重要語句や課題に対する自分の予想などを自由に書かせるようにしました。

黒板を開放

教室の中の小さな事実を、大きく価値付けてほめる

　私は毎時間、授業にデジタルカメラを持ち込んでいます。デジタルカ

メラは授業の中で生徒が意欲的に取り組んでいる様子や自分の考えをしっかりとノートに記入できている点、資料を適切に活用できている点などを撮影することに用いました。

事前の準備が素晴らしい　　資料を適切に使えている

そのようにして撮影した画像をノートパソコンに読み込んで大型液晶テレビに映し出し「その様子の何が具体的によかったのか」を価値付けてほめることで、授業における「よい学びの姿」を教室全体で共有することができました。

ノート作りと「まとメモリー」

私は、ノートの右端にあらかじめスペースを設けさせ、自分で調べたことや、課題に対して自分なりに考えたことを書かせるようにしています。また、授業の後半には、授業の中で分かったことや友達の意見から考えたこと、次の課題に対する予想などをまとめた文章を「まとメモリー」と題した文章で書かせるようにしました。

スペースを自分なりに活用

また、積極的に調べ学習や「まとメモリー」に取り組み、自分らしさを生かしたノート作りができている生徒に「ノート大賞」を与え、学期ごとに表彰しました。そして、夏休みには自分の

まとメモリー

好きな歴史上の人物について、自分なりに調べてまとめるレポート課題を与え、全ての作品を廊下に掲示して、生徒に鑑賞させました。そういった中で、生徒一人ひとりが、互いのよさや頑張りを認め、学びを深めて合っていける授業へと一歩ずつ近づいていったのです。

実際に、１学期前半の学年全体の観点別達成状況と、２学期から３学期の観点別達成状況（平均値）を比較し、ｔ検定を行ったところ、５％水準で有意差が認められました。１年間の取り組みの中で、子どもたちの思考・判断・表現力が34％向上していることも分かりました。この頃、市内の小学校で開かれた校内授業研修に講師としてお招きいただくことがありました。子どもたちにとっても名誉な体験であると感じ、この機会に授業の感想を書いてもらったところ、１年時に比べて、グループやペアで学習するなど、動きのある授業の雰囲気が楽しい、授業にメリハリがあって集中して受けられる、ノート作りや発表など、頑張ったことをほめてもらえるのが嬉しい、といった意見がよく見受けられました。

Ⅲ　実践２年目（2016年度-３年生）

　１年目の実践から、子どもたちは、ペアやグループで仲間と相談しながら学習に取り組むことに慣れてきた一方、自ら課題を設けたり、それぞれの考えをもって対話しながら課題の解決を探るといった学びには発展できていないように感じられました。

　また、まだまだ指導が「通りづらい」現状の中、私が一方的に学びに対する価値感を子どもたちに押し付けてしまったように感じ、反省する部分がたくさんありました。確かに、「これは譲れない」という部分で、教師が子どもたちに毅然と指導することは重要です。しかし、その指導を子どもたちが受け止められないのであれば、「なぜ受け止めないのだ」という考えからただちに脱却し、「どうすれば、受け止めやすいだろうか」と、こちらの投げかけ方を改めることも必要です。そのようなことも、すべて子どもたち一人ひとりが私に改めて教えてくれことです。

より自由な学びへ

　これらの反省を生かし、学びの価値を教師から発信するだけではなく、子どもたち同士の関わりの中から生み出す仕組みを考えることにしました。それも、できる限りスモールステップで子どもたちがお互いの関係

性を築きやすいように工夫していきました。

　たとえば、それまでペアやグループでの学習は席の近い者同士や、学級で定められている班を指定して行っていました。この形式では、生徒はあらかじめ決められた課題や作業に対しては、友達とよく協力して学習することができます。その一方、自ら課題を設けたり、課題の解決を目指して友達と対話したりすることがしづらいという生徒の実態がありました。互いに遠慮してしまい、なかなか動き出せないのです。まだまだ、一人ひとりが自信をもって、自分の考えを話し合えるといった関係性が、教室全体に築けていません。私にはそのように感じられました。

　そこで私は思い切って、ペアやグループの作り方、机の配置等を生徒が自由に決められるようにしました。また、これまでの「まとメモリー」に、友

ロッカーの上を使って　　　　友達と協力しながら

達のよかった点や友達から学んだ点を記入させ、それを互いに伝え合う時間を設けました。もちろん、その時間は自由に教室内を立ち歩いてよく、そうすることで、生徒は分からないところを友達に聞いたり、自分の考えを話したりすることがしやすくなり、これまで以上に自信をもって、積極的に学習に取り組むようになっていきました。

　また、課題に対し自分なりに考えたことや友達の意見から考えたことなどを生徒全員が黒板に書き、それを使ってさらに教室全体で考えを深めていく「考える黒板」という取り組みも進めていきました。もちろんこれは、「白い黒板」を子どもたちの実態に合わせて言い換えたものです。

考える黒板Ⅰ　　　　　　　考える黒板Ⅱ

正解から納得解へ

また、課題を精選し、授業の展開の中で絶対的な正解のない社会的課題を与え、自分も相手も納得できる解決策「納得解」を自分に合った方法で探究していく時間をミッションとしてゲーム形式で設けました。

そして、それらの中で自分なりに見出した新たな課題をまとめさせるようにしました。すると、全ての生徒が3人～6人程のグループを自由につくり、協働して学習に取り組むようになっていきました。

◎納得解を探究する課題の一例
・少子高齢化問題をマインドマップで表そう
・SWOT分析で選択的夫婦別姓を考えよう
・コンセンサスゲーム「最高の時間割づくり」
・政治シュミレーション「住民の不満を解決せよ」

授業の中で教室の全員が息をのむ瞬間が生まれる

そして、何より子どもたちが目を見張る成長を遂げたのがディベートの授業でした。まずは、「中学校に自動販売機を設置するべきである」、といった生活に身近な論題を子どもたちと話し合いながら決めていきました。そして、徐々に「死刑制度を廃止するべきである」「少年法の適用年齢を引き下げるべきである」といった教科の領域にも合った発展した

内容へと取り組むようにしていきました。
　こだわったことは、全員がディベートに参加しているという意識をもてるよう、全ての生徒に役割を与えたことです。討論者をディベーター、審判をジャッジ、観衆をオーディエンスと呼び、それぞれにディベートシートに細かな項目ごとの採点をしながら、最終的なジャッジとまとめを行います。

正対の輪

　また、司会役をマスター、計時係をタイムキーパーと呼んで生徒に役割を与え、二回目からはすべての進行を生徒だけに任せるようにしました。教室の正対の輪の中か

ジャッジの瞬間

ら、教師である私の姿が消え、子どもたちだけで白熱した議論が進んでいきます。たった１時間の授業の中で、すべての子どもたちがまさしく破竹の勢いで成長していくのです。正対の輪の外で、私には若竹が自ら節目を突き破る音が聞こえた気さえして、身震いがしました。
　ディベートの最終的なジャッジを下す３人の審判員が、判定結果と理由を述べます。１勝１敗で迎えた３人目のジャッジが下るとき、教室中の子どもたちが息を飲みます。授業の中であのような瞬間を味わえるとは、かつての私は想像すらしていませんでした。授業の中で、子どもたちは私の想像をはるかに超える成長をしたのです。

6 ▶ 成果と課題

　２年時の学年全体の観点別達成状況（平均値）と、３年生１学期の学年全体の観点別達成状況を比較し、ｔ検定を行ったところ、５％水準で有意差が認められました。その結果、２年時から３年生１学期にかけて、全ての観点で子

話し合いで何を学んだか

どもたちの学力が向上していることが分かりました。

　また、今年度の全国学力・学習状況調査結果によると、本校生徒が「自分には良いところがあると思う」との質問に肯定的に回答した割合は64.8%であり、昨年度の同割合50%を大幅に上回り、全国や奈良県との差は10pt近く解消されました。（ただし、本件と授業における取り組みの関係性については、あくまでも相関関係の一部に過ぎないと付言しておきます。）

　子どもたちの自尊感情を高めた背景には、多くの先生方や保護者、子どもたちを見守ってくれているすべての皆さんのご尽力があるはずです。そして何より、人生で最も繊細な時期の心と体で、一日一日を懸命に生き抜き、勇気をふりしぼって成長の道を歩んできた子どもたち自身の努力があることを私たちは見過ごしてはいけません。

　最後に、私には、揺らぐことのない信念があります。多感な思春期の真っただ中を生きる子どもたちは、ときに乱暴で攻撃的になり、ときに投げやりで自分の殻に閉じこもりがちにもなります。しかし、彼らは素晴らしい可能性を秘めた立派な一人の人間です。彼らがこれからの社会を、未来をつくり上げていくのです。泣かずに育った子どもはいません。迷惑の一つもかけさせずに、子どもたちを社会へ送ってはいけないのです。今はどれだけ大変でも、未来は明るい。あなたはこの世に一人しかいない大切な人だよ。そういう思いで、私は日々教壇に立っています。

　今後は、子どもたちの背景を知ることを大切にするという初心を忘れず、子どもたちの実態に合わせながら、菊池実践を生かした教育活動をさらに進化・発展させていきたいと思います。

第3章　「成長の授業」を創る　〜実践篇

教育から地方創生「いの町　菊池学園」

乾孝治（高知県吾川郡いの町教育委員会事務局・菊池道場高知支部）

1 「いの町　菊池学園」の誕生

　地方創生加速化交付金事業。各自治体が地方創生に取り組むにあたって国が施行した事業です。全国の多くの地方自治体同様に、いの町も大幅な人口減少が大きな課題です。このままの傾向が継続すれば、2060年には１万人を切ることが見込まれています。現状の人口構造上、老年人口が年少年齢人口の２倍いることを鑑みれば、今後、一定の人口減少は避けがたい状況です。こうした見込みに対して、町は人口の自然減の縮小や社会増に向けた一連の対策を講じることで、2060年の人口の将来展望を１万４千人台と見通し、その実現を目指すことにしました。

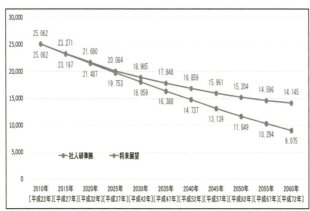

〔図１〕いの町の人口推移

　そこで「ひと」に注目した事業を新規展開することとしました。
　「ひと」が「ひと」を育てる。
　「ひと」が「もの」を育てる。（つくる）
　「ひと」が「ひと」を呼ぶ。
　「ひと」で「ひと」が変わる。

という言葉があるように、「ひと」はすべてに通じるキーワードです。さらに、2015年度に策定した「いの町子ども子育て支援計画」では、ぷっくりハート*1で自尊感情が高い子どもの育成を目指しています。それを発展させ、子どものみならず、すべての「ひと」が成長していくことを目指し『心そだてる「みらいの町」推進事業』を展開することになりました。この事業は「ひと」に注目した事業です。ここでいう「ひと」は、「うちのひと」（町民）、「そとのひと」（町外・県外の方）を指しています。うち・そとの「ひと」それぞれへのアプローチの仕方は異なるのですが、その違う施策を一体的に取り組み、地方創生の流れを一層加速化させることにしました。

　そこで、「ひと」を育てる＝「教育」と考え、「教育から地方創生」を掲げ、菊池省三先生を教育特使として委嘱しました。継続して関わっていただくことにより、町の教育改革を核とした「いの町　菊池学園」を主要施策とし、2016年度から実施することにしました。

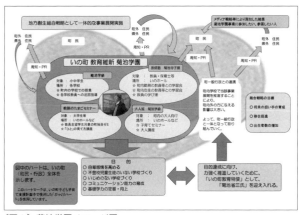

〔図2〕菊池学園イメージ図

　これまでも、いの町は子育て支援に力を入れており、妊娠期からの母子へのケアを充実させるために保健師を多く配置していました。「菊池学園」では、小・中学校を中心に取り組んでいく計画ですから、これで0歳から15歳までの切れ目のない子育て支援体制が整いました。こうして、子育て支援が充実した町づくりを推進することになったのです。

2016年度からの実施に向けて、前年度中にいくつかの取り組みを行いました。まず2016年1月上旬に、首長（町長）、副町長、教育委員（当時の教育委員長以下5名）、教育次長、教育事務所長、総務課参事（地方創生総括）に菊池先生のお人柄や実践等を理解していただき、この取り組みで目指すべき方向性を確認しました。

　その後2月上旬に、いの町地方創生総合戦略会議として、菊池先生と役場職員、町の観光協会、町の商工会、町内保育園、幼稚園、小学校、中学校、町民のそれぞれの立場の方に集まっていただきました。「これからのいの町戦略はどうあるべきか」をテーマに熟議し、この取り組みが教育分野だけではなく、町全体としての取り組みであることを意識づけました。

　続けて2月中旬に、核となる教育面での取り組みを充実させるために、菊池先生と町内12校の代表者によるいの町地方創生総合戦略教育版企画会議を開催しました。多忙な菊池先生のスケジュール調整を図り、このような経緯を経て、2016年4月3日に菊池先生に教育特使を委嘱し、「いの町　菊池学園」が誕生しました。

　なお、いの町と菊池先生のつながりは、「一人も見捨てない教育の実現　挑戦！四国四県からの発信！」（中村堂）の第四章に、私がまとめさせていただきましたので、是非、お読みください。

2▶菊池学園の取り組み①　『菊池学級』

　2016年度は、菊池先生に年間54日いの町に滞在していただきます。そのなかで、町内の小中学校を巡回し、先生方の授業参観や、師範授業をしていただくのが「菊池学級」という取り組みです。子どもたちへ菊池先生から直接、ご指導・ご助言をしていただきます。町内には小学校7校、中学校5校ありますが、どの学校にも一度は訪問しました。しかし、小学校で63学級、中学校で28学級、合計91学級（含む特別支援学級）あり、全ての学級を訪問することは難しく、2016年度は小学校を中心に訪問することにしました。中学校は小学校で1年間「菊

池学園」の取り組みを経験した子どもたちが進学することも踏まえ、2年目に訪問回数を増やしていくことにしています。

　各校への訪問日程は、事前に希望日を調査し、それを教育委員会事務局（以下、地教委）で調整しました。ですが、全て学校の希望通りにはできません。また、菊池先生に担任（又は担当）の先生の授業を参観していただいたり、菊池先生に師範授業をしていただいても、その後の協議（授業を振り返る時間）の時間がとれないことも多くありました。特に小学校は学級担任制のため、次の時間も授業があり、なかなか確保できませんでした。自分の授業を菊池先生に見てもらって終わり、菊池先生に師範授業をしていただいて終わりでは、先生方にとっては得るものは少なくなってしまいます。

　そこで、2学期から菊池先生に授業参観を依頼する場合は、「ほめ言葉のシャワーに取り組んでいる場面」または「成長ノートを活用している授業」のどちらかでお願いしました。そして、師範授業の後には原則協議の場面を設定してもらうことも依頼しました。

　こうして、1学期は菊池先生の授業スタイルやねらいを先生方に知ってもらい、2学期からは内容を焦点化し、取り組みを進めるためのギアを一段階アップさせました。そうすることで、全校で菊池実践に取り組んだ学校や、「教師塾　菊池寺子屋」（詳細は後述します）で熱心に学ばれた先生の学級では、大きな成長（変化）が表れてきました。

　右の写真は、10月末に菊池先生が町内の小学校5年生で師範授業をされた時のものです。この学校は、この学級だけではなく、全ての保護者に案内を出されていました。他にも校区内の保育園、幼稚園、児童会の指導員、地域の方にも案内をして、大勢の参観者がいました。それだけではなく、新聞記者2名、菊池

先生のドキュメンタリー映画第２弾撮影用のカメラ２台も入っているという、非日常の状況でした。

　しかし、子どもたちは堂々と自分の意見を発表でき、友達との話し合いも活発に行っていました。この小学校は、全学級で菊池実践に取り組む体制が確立されていました。担任の先生も５月の連休明けから菊池実践（価値語・ほめ言葉のシャワー・成長ノート）をされてきたからこそ、このような状況でも子どもたちは、菊池先生との授業を楽しみ、一人ひとりが自分らしさを発揮できたのだと思います。

　この学級の担任は、採用２年目の先生です。成長ノートで子どもとの関係性を築き、ほめ言葉のシャワーで子ども同士の関係性を築き、自分の考えや思いを言葉にして相手に伝え、相手の意見を受け容れることができる学級経営をされてきたことが分かる場面でもありました。

3 菊池学園の取り組み②　『教師塾　菊池寺子屋』

　菊池先生がいの町に滞在される日の夜間（午後７時から９時）に、菊池先生が教員時代に培われたノウハウや菊池実践についてさらに深く学ぶのが「菊池寺子屋」という取り組みです。勤務時間外の研修であるため、参加は任意で、いつ来ても、いつ帰ってもよい２時間としました。

　この「菊池寺子屋」は、地方創生の目的である移住者を増やすための目玉でもあります。それは、参加対象者の設定にあります。対象となるのは、町内の保育園、幼稚園、学校等の教育関係機関に勤務している方か、町内在住で他市町村の学校等に勤務されている先生方です。つまり、勤務先が町外であっても、町内に住んでいれば寺子屋には参加でき、菊池先生と一緒に学ぶことができるのです。いの町へ移住（引っ越し）してもらうためにこの設定にしました。実際に、この条件を満たすために、県外から大学を卒業したばかりの若者が、いの町に住み、高知県で教員（臨時）をされています。また、町内から町外へ異動が決まった先生は、結婚を機にいの町に引っ越される等、一定の成果が出ています。

　しかし、対象でない高知県内の先生方に寺子屋のよさを理解してもら

わないと、いの町への移住者が増えないのではとの意見をいただきました。地教委内で検討し、９月以降は月に一回程度公開日を設定しました。その際に、先生方だけではなく、県内の大学生にも公開し、学生にもいの町に興味をもってもらうようにもしました。この意図は後で述べます。

　さらに、菊池学園の目指していることについて町民にも理解してもらうために、同じく９月以降、原則町民は傍聴できるようにしました。開催日等は、広報や町のホームページを通して周知しました。このような手立てをしていくことで、公開日の参加者は、町内よりも町外の先生方の参加者数が多いこともありました。

　また、寺子屋の会場である役場本庁舎に遠い学校の先生方が参加しづらい、午後９時までは残れないとの意見もありました。そこで、学校へ訪問して寺子屋を実施するなどして、一人でも多くの先生に学ぶ場を提供してきました。

　こうして、４月から１月までに30回寺子屋を開催し、延べ519名（学校訪問しての寺子屋は除く）が参加しました（実数は209名）。その内、町内の先生は174名でした。町内の35.8％の先生が参加されたことになります。勤務時間外の研修に、これだけの先生方が参加されたことは大きな成果であると考えています。

　また、寺子屋において地教委の想定を超えていたことは、保育士や幼稚園教諭の参加が多かったことです。特に、４月21日開催の寺子屋４日目「子どものほめ方、叱り方のポイント」では、45名のうち30名が保育士・幼稚園教諭でした。菊池先生は、教師として「子どもを育てるのではなく、人を育てる」とおっしゃいます。この「育てる」という言葉が保育士・幼稚園教諭の皆さんの共感を呼んでいるのだと思います。それを感じたエピソードがあります。ある日の寺子屋で、菊池先生が「学校の先生というのは、どうしても教えることに重点を置いてしまいがちです。ですが、保育所や幼稚園の先生は育てるという意識が高いのではないかと思います」とおっしゃいました。その時、数名の方が大きな拍手をされました。拍手の主は園長先生たちでした。元小学校教師の菊

池先生が「育てる」という意識が大切であるという発言されたことへの称賛の拍手だったのかもしれません。あるいは、学校では「教える」ことばかりを重視していませんか？という警鐘の拍手だったのかもしれません。このように、菊池学園の取り組みについて、菊池実践について、保育士・幼稚園教諭の皆さんが積極的に熱心に学ぼうとする姿が多く見られたことに、希望と感動を感じました。

4 菊池学園の取り組み③　『教師のたまごセミナー』

　教員を目指している学生を主対象としたセミナーが「教師のたまごセミナー」です。私は、3年前に香川県で開催された「たまごセミナー」に参加しました。学生と現職の先生方が一緒に学んでいる場に感動し、菊池学園にも組み込みました。先輩教員と共に学ぶことは、学生には大きな刺激になります。教師という仕事に夢と希望をより強くもった学生を増やしていくことが大きな目的です。

　菊池学園は移住促進事業の一環です。高知県内には3つの4年生大学があり、学生の多くは県外出身者です。彼らに「菊池学園」の取り組みを知ってもらい、菊池実践についての理解を深めて、いの町に興味をもってもらいます。そして、「いの町で、高知県で、教員をしたい！」と思い、いの町に移住してもらうことを目的にしています。そこで、まず菊池学園について知ってもらうために、菊池学園に関するイベントの開催時、学生ボランティアを募集し、先に書いたように「教師塾　菊池寺子屋」を学生に公開するなどして、興味をもってもらうようにしました。

　また、この取り組みには別の目的も設定しています。それは、イベントの企画・運営を行政と学生が一緒に行い、イベント運営を体験してもらうことです。教員になれば、学級活動、学校行事などで企画・運営する場面がたくさんあります。それを学生時代に体験しておけば、教員になった時に、戸惑いも少なく、ある程度自信をもって取り組める若手の先生になっているはずです。そういう先生を増やしていくことも目指しています。

これらの目的も含め、2016年12月3日の「第1回　菊池省三先生との教師のたまごセミナー」に向けて、高知大生・大学院生あわせて4名（下の写真）と打ち合わせを行い、運営を進めていきました。

豊田果歩さん

棟田一章さん

鈴木達也さん

藤井貴士さん

　4名には、司会、自主ゼミを通しての実践発表、菊池先生へ大学生からの質問集めと質問役など大変活躍していただきました。高知大学だけではなく、高知工科大学、香川大学、松山大学からも参加がありました。彼らがいの町で出会い、知り合いになったことも大変嬉しかったです。さらに、高知工科大学生は、この日から「寺子屋」に参加したり、菊池先生の師範授業を参観したりと、熱心に学ぶようになりました。若者が「菊池学園」を通して、いの町で出会った事実を大切にし、来年度以降、さらに発展させていきたいと思っています。

5 菊池学園の取り組み④　『大人版　菊池学級』

　「大人版」が示すように、大人（町民）を対象とした取り組みです。「菊池学級」「菊池寺子屋」は子どもや先生たちを、「教師のたまごセミナー」は大学生を主対象とした取り組みです。核となる教育面の充実は当然ですが、地方創生としては学校以外の人を巻き込むことが重要です。町民に「菊池学園」を理解してもらい応援してもらうことで、町全体の取り組みになると考えています。そのために、菊池先生が直接町民に係わる場として「町民講座　いの元気塾」の講師をしていただきました。
　「町民講座」は平日の日中に開催しています。2016年度は6回のうちの1回でした。最も参加者が多く100名の方に集まっていただきました。年配の方が多かったのですが、菊池先生の話術と対話のある講演で、会場は笑顔があふれていました。参加者からは、また話を聞きたいとい

う声が多く聞かれました。

　2016年度「大人版　菊池学級」は、この1回のみのため町民への十分な啓発にはまだなっていません。このことは、地元紙が掲載した特集記事でも指摘されました。ネット社会といわれているので、菊池先生の取り組みを紹介した「菊池学園だより」や、「菊池学園」の様子を盛り込んだいの町PR映像を作成し、町ホームページにアップすることで認知度を高める計画でした。しかし、町民にとっては、町の広報や新聞やテレビの影響力の方が強く、その方面での手立てが不十分で、町全体に十分浸透したとは言えない状況です。

6 ▶『菊池学園』1年目の成果と課題

　「菊池学園」の取り組みは、これまでに述べた4つですが、関連したものや派生した取り組みがいくつかあります。その1つが、県外へのPR活動です。県外からの移住者を増やすためには、県外でのPR活動が重要です。役場職員による都市部での移住フェアでの広報活動はもちろんですが、菊池先生が町外で講演等をされる際に「菊池学園」をPRしていただきました。担当者の私も菊池道場の夏（広島県：200名参加）と冬（大阪府：170名参加）の全国大会で、実践報告を行いました。

　他にも、「いの町教育特使　菊池省三先生との学び場」という菊池先生以外にも、自尊感情を高めるための先進的な実践をされている方をお招きして、公開研修を3回開催しました。その中で、NHKの「プロフェッショナル　仕事の流儀」にご出演された鹿嶋真弓先生、コーチングの第一人者でもある本間正人先生にご登壇いただき、県外からもたくさんの方にお越しいただき、興味をもってもらうことができました。

　また、この取り組みは教育だけではなく一般行政とも連携した取り組みであるため、役場職員対象に菊池先生を講師に迎えての研修も行いました。地教委5名を含む35名の職員が参加し、所属部署を超えての「菊池学園」についての共通理解が進みました。

　反面、先にも書いたように地元紙や、各校の学校評価[*2]アンケートで

保護者・地域住民の方からは、「菊池学園」について周知が十分されていないとのご指摘もありました。また、学校の先生方にも十分ご理解いただけていない点もあり、取り組み状況に学校間差、教員差があります。

しかし、「菊池寺子屋」に参加した保育士が主体的に取り組んだ「ほめ言葉のシャワー」や、学び場や寺子屋に熱心に参加してくださる町民の方が出てくる等、思ってもいなかった成果も現れました。

菊池実践の基本である「ほめて、認めて、伸ばす」ことは誰もがよいことであると理解されていると思います。ですが、実際にやってみるとなった時に、迷ったり、躊躇されたりしている先生は少なくないのだと思います。先生方をはじめ、保護者や町民の皆さんが納得できる説明や取り組み事例を示し、町全体で取り組んでいくために、関係者みんなで知恵を出し合っていきます。

町内の全ての子どもや先生や町民の皆さんが、自信と誇りをもって自分の思いを言葉にでき、相手の思いを受け止め、互いに認め合える「ほめ言葉のシャワーのまち」と呼ばれるように、これからも挑みます。まち全体が「成長」していくことを願っています。

*1　心も体も満たされた状態
*2　子どもたちがより良い教育を享受できるよう、その教育活動等の成果を検証し、学校運営の改善と発展をめざすための取り組み

おわりに

　本書の冒頭で紹介いたしました最後の菊池学級の子どもたちの一人である中村愛海さんの「成長の授業」のスピーチは、私の33年間の教師人生の中でも大切な思い出の一つです。

　その中村さんのスピーチを、私の尊敬する本間正人先生（京都造形芸術大学副学長）に見ていただき、その後、対談いたしました。その内容は、「コミュニケーション力で未来を拓く これからの教育観を語る」（中村堂）としてまとめていただいていますが、本間先生は、中村さんのスピーチを踏まえ、「菊池実践」について次のように評価してくださいました。

> 　学校というのは社会的な存在です。社会的な能力を高めることが、学校の役割としていちばん大事だと私は考えています。今の世の中では、知識を与えるということは、eラーニングでいくらでもできます。eラーニングは、個人によって異なる学習の速度の差についても、一斉授業よりも上手く対応できます。個別指導塾は、一人ひとりの学習速度の違いに対応した学習を進めています。そうなると、知識の伝達を中心とする限り、別に学校という場所でなくてもいいじゃないかという議論になりますし、義務教育段階で学校に行く必要はないんじゃないかという意見を述べている人もいます。
>
> 　ただ、こうした議論の中で抜け落ちているのは、社会的な役割の部分です。学校の意味は、人と人とのコミュニケーションをとおして社会的な能力を高めるということにあるのです。学校の1日の中で、朝の会や帰りの会という話し合いのできる場がありますが、ある意味それらをメインだと考えていいと私は思います。中村さんがスピーチの中で、「成長の授業」という言葉を使っていましたが、学校の本来的な意味で、とても大事な視点だと思います。これまで、文部科学省や教育委員会がおよそ対応できてこなかったところまで、菊池先生が実践の中で試行錯誤されながら、学校の完成形に近いところまでもってこられたのではないかと思います。

過分な評価だとは思いますが、毎日教壇に立っていたときの教師としての思いを的確に代弁してくださっています。
　中村さんがスピーチの中で、「先生の本に、子どもを育てるじゃなくて、人を育てるっていうことが書いてあったんですけど」と言っているとおり、私の教師としての目的は、公社会で活躍できる人間を育てることでした。そのために、コミュニケーション教育に着目し、文字通り、試行錯誤しながら、子どもたちと向かい合ってきました。その試行錯誤の末にたどり着いたのが、本書で紹介した11の実践です。
　これらの11の実践の一つひとつが有効にはたらいて、大きな「成長の授業」を創り上げていくのです。
　11の実践を単なる技法としてとらえるのではなく、教師の覚悟をスタートとして、「考え続ける人間を育てる」「個と集団の確立」といった1年後のゴールイメージを描きつつ、個々の取り組みを進めていただきたいと思っています。

　本書では、全国の菊池道場の11名の精鋭メンバーが、ご自身の実践を踏まえて11の視点を紹介してくださいました。また、それらを複合的に絡ませ、編み上げて、「成長の授業」を全国各地の教室で創り上げられた6人の先生方が、教室の事実をご報告くださいました。12支部17人の先生方にお世話になりました。本当にありがとうございました。
　今回も、中村堂の中村宏隆社長には、企画段階から編集段階までお力添えをいただきました。感謝いたします。

　全国の学校・教室で、子どもたちの笑顔があふれる「成長の授業」が生まれ、育っていくことを願ってやみません。

　　　　　　　　2017年2月22日　菊池道場　道場長　菊池省三

●著者紹介

菊池省三（きくち・しょうぞう）

1959年愛媛県生まれ。「菊池道場」道場長。元福岡県北九州市公立小学校教諭。山口大学教育学部卒業。文部科学省の「『熟議』に基づく教育政策形成の在り方に関する懇談会」委員。平成28年度　高知県いの町教育特使。大分県中津市教育スーパーアドバイザー。三重県松阪市学級経営マイスター。著書は「人間を育てる　菊池道場流　叱る指導」「白熱する教室をつくる　Q&A55」「個の確立した集団を育てるほめ言葉のシャワー　決定版」「1年間を見通した　白熱する教室のつくり方」「価値語100ハンドブック」（以上　中村堂）など多数。

【菊池道場】　★掲載順

第2章　岡田晃志（菊池道場大阪支部）　　加倉井英紀（菊池道場福島支部）
　　　　安田まや（菊池道場高知支部）　　古舘良純（菊池道場千葉支部）
　　　　中村啓太（菊池道場栃木支部）　　野口泰紀（菊池道場岡山支部）
　　　　中島宏和（菊池道場栃木支部）　　大西一豊（菊池道場大分支部）
　　　　堀井悠平（菊池道場徳島支部）　　大森加奈子（菊池道場岡山支部）
　　　　南山拓也（菊池道場兵庫支部）
第3章　中國達彬（菊池道場広島支部）　　丹野裕基（菊池道場東京支部）
　　　　赤木真美（菊池道場広島支部）　　川尻年輝（菊池道場長野支部）
　　　　栗山泰幸（菊池道場奈良支部）　　乾孝治（菊池道場高知支部）

※2017年3月1日現在

言葉で人間を育てる菊池道場流「成長の授業」

2017年4月1日　第1刷発行

著　　　／菊池省三・菊池道場
発行者／中村宏隆
発行所／株式会社　中村堂
　　　　〒104-0043　東京都中央区湊3-11-7
　　　　湊92ビル4F
　　　　Tel.03-5244-9939　Fax.03-5244-9938
　　　　ホームページ　http://www.nakadoh.com

印刷・製本／新日本印刷株式会社

© Syozo Kikuchi, KikuchiDojyo 2017
◆定価はカバーに記載してあります。
◆乱丁・落丁の場合はお取り替えいたします。

ISBN978-4-907571-37-5